Bruno Schneider

Ich wollte auch mal weg

... auf den Jakobsweg

Bruno Schneider

Ich wollte auch mal weg

... auf den Jakobsweg

TRIGA
Der Verlag

Bibliografische Information der Deutschen Nationalbibliothek
Die Deutsche Nationalbibliothek verzeichnet diese Publikation in der
Deutschen Nationalbibliografie;
detaillierte bibliografische Daten sind im Internet über
http://dnb.d-nb.de abrufbar.

1. Auflage 2013
© Copyright TRIGA – Der Verlag
Leipziger Straße 2, 63571 Gelnhausen-Roth
www.triga-der-verlag.de
Alle Rechte vorbehalten

Korrektorat: Renate Maier, Frankfurt am Main

Coverbild: © Gerhard Reus – Fotolia.com

Fotos: © Bruno Schneider; S. 153: © sbego - Fotolia.com

Druck: Books on Demand GmbH, Norderstedt
Printed in Germany

ISBN 978-3-89774-944-3 (Print-Ausgabe)
ISBN 978-3-95828-083-0 (eBook-Ausgabe)

*Himmlisch schön und gut und uralt
einfach ist es ja, zu Fuß zu gehen*

(Robert Walser)

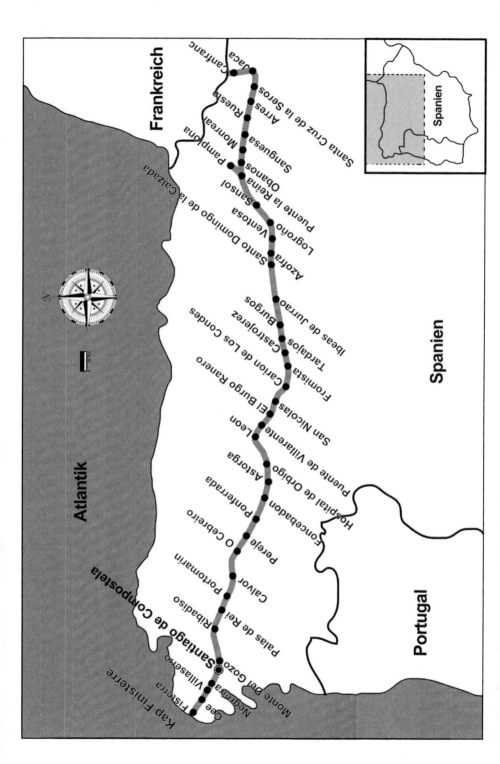

Der Legende nach hat der Apostel Jakobus (von Jesus auch »Donnersohn« genannt) im spanischen Galicien gepredigt. Zurück in Jerusalem, erlitt er im Jahr 44 unter König Herodes Agrippa I. den Märtyrertod durch Enthauptung. Sein Leichnam wurde darauf mit einem Boot zurück nach Galicien überführt. Dort in Finisterre angekommen, wollte ein junger Adeliger die sterbliche Hülle des Apostels in Empfang nehmen und versank dabei im Meer. Er wurde jedoch von »Santiago« (wie der Apostel Jakobus in Spanien heißt) gerettet, und als der Adelige aus dem Wasser stieg, war er voll bedeckt mit Muscheln. Diese Begebenheit ist der Ursprung der Jakobsmuschel als Symbol der Jakobspilgerschaft. Santiago wurde sodann nach Compostela gebracht und dort beerdigt. Das Grab geriet jedoch während der Maurenherrschaft in Vergessenheit und wurde erst im Jahr 813, bei der Reconquista (Wiedereroberung), neu entdeckt.

Im Jahr 844, so berichtet die Legende weiter, erschien der Apostel in der Schlacht von Clavijo (bei Logroño) und führte die Christen zum Sieg über die Araber. Hierauf setzte die Pilgerschaft nach Santiago de Compostela ein und verbreitete sich schnell in der ganzen Christenheit. Ihre Blütezeit war vom 10. bis zum 15. Jahrhundert und die Jakobswege durchzogen nach und nach ganz Europa, wobei der »Camino Francés« in Nordspanien (von Puente la Reina nach Santiago) der Hauptweg war und bis heute geblieben ist. Die erste diesbezügliche Wegbeschreibung, der »Codex Calixtinus«, von einem französischen Pfarrer verfasst, erschien bereits im Jahr 1139. In der genannten Blütezeit entstanden in Nordspanien, entlang dem Camino Francés Herbergen, Kirchen, Brücken und ganze Dörfer und Städte. Im 16. Jahrhundert geriet der Jakobsweg infolge neuen Zeitgeistes etwas in Vergessenheit, lebt nun aber wieder auf, besonders seit 1985, nachdem die UNESCO Santiago de Compostela (und 1993 den Hauptweg) zum Kulturgut der Menschheit erklärt hat.

Im Mittelalter wurde hauptsächlich um des Ablasses der Sünden und um des Seelenheils willen gepilgert, aber auch aus Abenteuerlust und Fernweh, war doch zu jener Zeit eine Wallfahrt für den größten Teil der Bevölkerung fast die einzige Möglichkeit, einmal aus dem Alltagstrott auszubrechen. Wenn man bedenkt, wie rau und primitiv im Mittelalter Sitten und Gebräuche waren, erstaunt es schon, dass damals Millionen von Menschen den beschwerlichen und relativ gefährlichen Weg gewagt hatten.

Heute sind der Beweggründe viele, um nach Santiago zu pilgern, unter anderem Heilssuche (spirituell/religiös), Selbstfindung, Abenteuer, sportliche Herausforderung, Wanderlust. Der Weg ist eine einzigartige Mischung aus Naturerlebnis, historischen Bauten (vor allem Kirchen und Kathedralen), Begegnung mit andern Pilgern und mit sich selbst.

Meine persönliche Motivation war in erster Linie die Wanderlust, aber auch, noch einmal im Leben etwas ganz anderes zu machen, ein wenig aus dem Alltag auszubrechen. Wenn ich es genau betrachte, reicht der Bogen, der bei mir schlussendlich zum Jakobsweg führte, bis in meine Kindheit zurück, wie die folgende Teilbiografie zeigen mag:

Durch Wiesen und Wälder streifen, auf Bäume und an Felsen klettern, wilde Heidel-, Him- und Erdbeeren sowie Wal- und Haselnüsse sammeln, Bergbäche durchforschen und darin von bloßer Hand Forellen fangen (was mir heute für die schönen Forellchen leidtut), den kalten, gräulichen und nicht ungefährlichen Rheinstrom durchschwimmen, im Winter natürlich Skifahren und Schlitteln sowie einiges mehr, gehörte als Knabe, neben Fußball, zu meinen bevorzugten Beschäftigungen.

Unter all den Dingen, die mich begeisterten, waren deren zwei, die mich besonders bezauberten. Das eine eine Feuerlilie, das andere der Schwalbenschwanz. Die Feuerlilie entdeckte ich ganz in der Nähe des Ortes, in dem wir wohnten, im »Tobel«, einer niedrig liegenden Alp für Jungvieh, überragt von einer mächtigen Felsflanke und die steile Wiese darunter übersät mit vielen, zum Teil scheunentorgroßen Felsblöcken. Die Lilie befand sich an nicht leicht zugänglicher Stelle in der Felsflanke. Ich kletterte zu ihr hoch, um sie aus der Nähe zu bestaunen. Es war für mich eine Offenbarung! Noch nie in meinem Leben hatte ich eine so große, schöne, feurig rote Blume gesehen, schon gar nicht in der Wildnis. Und nirgends sonst als hier hatte man sie je beobachtet. Sie blühte dann über viele Jahre hinweg immer wieder an dieser gleichen Stelle und faszinierte mich jeden Sommer aufs Neue.

Und der Schwalbenschwanz – der größte und schönste Schmetterling der Schweiz. Unser Haus war damals von Wiesen umgeben, die zu jener Zeit alle noch herrliche Blumenwiesen waren. Bei den vielen Blüten gab es natürlich auch entsprechend viele Schmetterlinge, unter ihnen der damals gar nicht so seltene Schwalbenschwanz. Zauberhaft war's, blühende Sommerwiesen, emsig und unbeirrt arbeitende Bienen und andere Insekten und die bei sommerlich friedlichem Gesumme von Blume zu Blume fliegenden Schmetterlinge. Unter ihnen, wie gesagt, auch Schwalbenschwänze. Nun, sie hatten es mir besonders angetan. Ihr Anblick faszinierte mich dermaßen, dass, wenn einer daherflog, ich ihn gleich fangen und in meinen Händen halten wollte, um ihn aus der Nähe zu betrachten. Ich verfolgte sie jedoch vergeblich, denn sie waren immer die Behänderen und Schnelleren. Zum Glück, ich hätte sie ja durch bloßes Anfassen möglicherweise schon verletzt und zudem, das größere Wunder als ein gefangener Schmetterling ist ja doch ein fliegender ...

Eine gewisse Naturverbundenheit ist also, könnte man sagen, nicht zu übersehen. Später, so um achtzehn herum, sah ich dann im Kino gelegentlich deutsche Heimatfilme. Insbesondere an einen mit dem Tenor Rudolf Schock und einer Kinderschar kann ich mich gut erinnern, in dem unter anderem fröhlich singend durch den herrlichen Schwarzwald gewandert wurde. Ich fand es fantastisch, und der Wunsch war geboren, selbst ebenfalls einmal längere Wanderungen, insbesondere Wanderferien zu machen. Es sollte jedoch eine sehr lange Zeit bei der Idee, beim latenten Wunsch bleiben. Ich wanderte zwar fast mein ganzes Leben immer ein wenig, jedoch nur so das gewöhnliche Pensum, mal ein, zwei, vielleicht, wenn's hoch kam, drei Tage aneinander. Die eigentliche Idee, zusammenhängend zwei drei Wochen zu wandern, realisierte ich nie.

Mehr als ein halbes Jahrhundert später las ich dann zufälligerweise »Narziss und Goldmund« von Hermann Hesse. Das darin beschriebene abenteuerliche Wanderleben Goldmunds ließ den alten, fast vergessenen Wunsch unversehens wieder aufleben und ich begann zu überlegen, wie ich ihn endlich realisieren könnte. Bei der Suche erinnerte ich mich dann eines Tages an eine Reportage über den Jakobsweg, die ich im Fernsehen der Deutschen Welle einmal gesehen hatte. Einige Bilder, insbesondere die der Pilgermesse in der Kathedrale von Santiago de Compostela mit dem durch das Querschiff schwingenden Weihrauchkessel, tauchten vor meinem geistigen Auge wieder auf. Das war die Initialzündung. Nun wusste ich, genau diesen Jakobsweg (den Camino Francés) möchte ich gehen. In der Folge erkundigte ich mich über das Wie, Wo und Was und insbesondere auch danach, ob die Strapazen in fortgeschrittenem Alter (70) und ohne Trekkingerfahrung überhaupt noch zu schaffen sind. Nachdem sich dies eher positiv beantwortete, und ich selbst zu Hause in Puerto Plata im Januar unter anderem noch Testmärsche bis zu 20 Kilometer erfolgreich hinter mich brachte, entschloss ich mich definitiv dazu und setzte mir Frühjahr 2007 als Starttermin. Und dann ging's los, und zwar so:

Am 11.05.
Flug von Puerto Plata nach Zürich

Wie gewohnt mühsamer Nachtflug ohne Schlaf. Bin bei der Ankunft in Zürich-Kloten in schlechter Verfassung. Der Jetlag hat mich wieder voll erwischt! Ich werde am Flughafen von meiner Tochter Alexandra und Schwiegersohn Peter abgeholt. Bis 16. Mai »Basislager« bei ihnen zu Hause an herrlicher Lage in Schaffhausen. Ideale Bedingungen! Ich erhole mich dennoch nur langsam. Komplettiere noch meine Ausrüstung und laufe zwecks »Angewöhnung« ab und zu ein wenig auf dem Schaffhauser Randen umher.

Mittwoch, 16.05.
Mit Zug von Schaffhausen nach Genf

Wegen Umleitung auf der Strecke verspätet in Genf angekommen. Zudem von Bahnhofinformation infolge Missverständnis eines jungen Beamten (Nyon statt Lyon!), falsche Auskunft erhalten und deshalb schlussendlich den Nachtzug nach Pau (Südfrankreich) verpasst. Ich gehe zum Billettschalter und schildere der Beamtin den Fall. Sie sagt, heute Abend gäbe es keine Möglichkeit mehr zur Weiterfahrt nach Pau, ich solle doch morgen wieder vorbeikommen. Nun, bei Nacht und Regen, mit ungewohntem 10-Kilo-Rucksack auf dem Rücken und, lästig, immer wieder die noch nicht richtig eingestellte Regenjackenmütze im Gesicht, auf Hotelsuche. Finde nach einer Stunde nach lauter Luxushotels endlich ein 100-Franken-Haus. Ich bin, da des Trekkings nicht und des Zugreisens nicht mehr gewohnt und zudem irgendwie immer noch den Jetlag Puerto Plata - Zürich in den Knochen, ziemlich geschafft und gestresst.

Donnerstag, 17.05.

Die ganze Nacht im Hotel wegen Verkehrslärm und gestriger Aufregung schlecht bis kaum geschlafen. Gehe am Morgen zum Bahnhof, wo man mir als Ersatz für den verpassten Zug folgende Fahrt anbietet: Genf-Paris, hier umsteigen auf andern Bahnhof(!), in Toulouse noch mal umsteigen und dann weiter nach Pau. Meine Antwort war: »Nein danke!« Denn erstens wäre es ein großer Umweg und zweitens, was das Umsteigen betrifft, für mich zu umständlich und risikobehaftet gewesen. Ich wollte in meinem gestressten, unausgeschlafenen Zustand nicht noch mal ein Debakel riskieren, und sowieso, fürs Erste reichte es mir ... Die Beamtin bestätigt auf der Rückseite meiner Fahrkarte noch die verspätete Ankunft des Zuges Zürich-Genf. Nun fahre ich mit dem nächsten Intercity wieder Richtung Schaffhausen. Hier erstatten mir die SBB (Schweizerischen Bundesbahnen) – am Schalter kompetenter, liebenswürdiger Beamter – die Kosten für die Fahrkarte von Genf nach Pau (später, über den SBB-Kundendienst Bern, sämtliche Kosten, inklusiv Hotel. Sie schrieben mir sogar einen freundlichen Brief in die Dominikanische Republik und entschuldigten sich. Wo außer in der Schweiz findet man noch solche Kulanz?). Trotzdem, die Lust am Jakobsweg ist etwas getrübt. Der nächste Nachtzug von Genf nach Pau fährt am Sonntag. Bis dann habe ich Zeit, mir zu überlegen, ob ich überhaupt nochmals einen Versuch mit diesem Jakobsweg machen will ...

Freitag, 18.05. – Samstag, 19.05.

Erhole mich langsam vom »Schock«. Lese noch einige Zeitungsberichte über den Jakobsweg, die mir meine Schwiegereltern Ruth und Rolf freundlicherweise überließen. Die Berichte klingen interessant, zum Teil etwas hart. Alexandra und Peter meinen, ich sollte, da ich mich nun schon fast ein Jahr mit dem Jakobsweg-Gedanken trage, auf jeden Fall nochmals starten. Zwischenfälle, wie ich einen erlebte, gehörten halt dazu, das dürfe einen »echten Abenteurer« nicht erschrecken. Meine eigenen Gedanken und Überlegungen tendieren natürlich auch etwa in diese Richtung. Ich entscheide mich also deshalb noch am Freitag, wieder auf die Reise zu gehen und reserviere gleich für Sonntag erneut den Nachtzug Genf – Pau. Mache am Samstag noch eine vierstündige Trainings-Wanderung auf dem Schaffhauser Randen. Gefühlsmäßig trifft zurzeit das folgende etwas abgeänderte Gebet ein wenig auf mich zu:

Morgen breche ich auf
zum Jakobsweg.
Man wünscht mir Glück,
man freut sich mit mir,
man beneidet mich gar ...
Nur Du, unbekannter Gott
weißt mehr.
Du kennst meine Angst,
die Angst vor dem Weg,
die Angst vor Ungemach,
die Angst zu versagen,
die Angst, nie anzukommen
an meinem Ziel ...

Sonntag, 20.05./Montag, 21.05. – 1./2. Tag
Von **Schaffhausen** nach **Jaca**

Schöner Sonntagnachmittag. Ich laufe in voller Ausrüstung und mit neu geschöpfter Zuversicht – vielleicht doch noch irgendwann einmal bis Santiago de Compostela zu gelangen – den Kilometer vom »Säckelamtshüsli« bis zum Bahnhof hinunter. Da ich fünfundvierzig Minuten zu früh bin, übe ich mich gleich noch einmal ein wenig im Rucksacktragen und laufe durch die gepflegten alten Gassen des reizvollen Fleckens Schaffhausen. Es herrscht hier, wie meist in Fußgängerzonen, eine ruhige, entspannt-friedliche Atmosphäre. Da Sonntag ist, haben es die Leute nicht eilig und schreiten oder schlendern gemächlich durch die Gassen, schauen da etwa in ein Schaufenster, halten dort mit Bekannten ein Schwätzchen oder sitzen locker-lässig in einem Straßencafé.

Die Situation hier in der Vorstadtgasse so vor Augen, bringt mich auf den Gedanken, beziehungsweise die etwas schwierige Frage, wie es hier wohl vor tausend Jahren, also im Jahr 1007, an einem schönen Sonntagnachmittag im Mai in etwa war ... die Häuser, die Straßen, die Menschen und Tiere – die ganze Atmosphäre. Aufgrund von geschichtlichen Angaben und mit etwas Fantasie kann man sich davon eine mehr oder weniger vage Vorstellung machen, doch wissen, wie weit sich diese mit der damaligen Realität deckt, kann man leider nicht. Und wenn die äußerlichen Gegebenheiten sich auch weitgehend gleichen würden, hätte man immer noch keine Ahnung von der Stimmung, die da herrschte und wie es sich anfühlte, damals als Mensch hier zu leben. Und dann in die andere Richtung gedacht, tausend Jahre in die Zukunft, also im Jahr 3007? Da scheint es mir noch aussichtsloser, wenn man bedenkt, wie gewaltig sich die Welt zum Beispiel schon in den letzten hundert Jahren verändert hat. Und wenn es möglicherweise mit den Neuerungen und der sich daraus ergebenden neuen Lebensweise in der gleichen Progression weiter geht, reicht wohl die kühnste Fantasie der kühnsten Zukunftsforscher nicht aus. Es ist uns also nicht vergönnt, auch wenn es noch so interessant wäre, einen Blick in das damalige und das zukünftige »Jetzt« zu tun, geschweige denn, kürzer oder länger darin einzutauchen, es zu erfühlen. Wie es uns ja, um etwas ähnlich Unmögliches zu nennen, gemäß der zuständigen Wissenschaft, für immer versagt bleiben wird, je außerhalb unseres Sonnensystems zu gelangen, um möglicherweise auf erdeähnlichen Planeten mit möglicherweise dort existierenden menschlichen Wesen, so wie wir oder auch anders, in Kontakt zu treten. So faszinierend der Gedanke auch ist, es wird für alle Zeiten undurchführbar sein, jedenfalls solange wir uns in unserer jetzigen Dimension befinden. Die Distanzen sind einfach zu groß, sie könnten auch mit Lichtgeschwindigkeit nicht innerhalb nützlicher Frist überbrückt werden.

Inzwischen bin ich zurück am Bahnhof und der Zug steht bereit, mich nochmals nach Genf zu bringen. Bei dieser Fahrt, wie auch schon bei der letzten von Schaffhausen nach Genf, fällt mir in den schönen doppelstöckigen und voll besetzten Intercity-Zügen vor allem auf, wie modern die Menschen in der Schweiz geworden sind. Und nicht nur modern, auch selbstsicher und souverän wirken sie. Es scheint aber, fast jeder sei nur mit sich selbst beschäftigt. Kaum einmal ein Blickkontakt. Kaum einer scheint den andern etwas anzugehen. Alles ein wenig steril, und geschäftig. Ähnliches hatte ich auch schon in Schaffhausen in Läden, Restaurants, im Bus, ja eigentlich überall wahrgenommen. Ich bin mir nun nicht sicher, ob sich in der Schweiz in der Tat während der acht Jahre, die ich nun in der Dominikanischen Republik lebe, ein so deutlicher Verhaltenswandel vollzogen hat. Möglicherweise erscheint es mir nur so, weil es in der DomRep (Dominikanischen Republik) als einem Entwicklungsland eben im Normalfall bei Weitem nicht so nobel zu- und hergeht ...

Nach pünktlicher Ankunft im Bahnhof der Rhonestadt geht es anschließend, um halb neun, mit dem Nachtzug – diesmal problemlos erwischt – weiter über Lyon, Toulouse, Richtung Pau (Südfrankreich). Die Liegewagen sind älteren Jahrgangs, ein wenig düster, nicht sehr gemütlich. In meinem Abteil mit vier Liegen ist bereits ein Fahrgast. Man grüßt sich, kommt aber nicht ins Gespräch. Jeder ist vor allem damit beschäftigt, sich so gut und schnell wie möglich für die Nacht und den Schlaf einzurichten. Nachdem der Schaffner vorbei ist, versuche ich denn auch zu schlafen. Es gelingt mir aber nur teilweise. Nächster Halt in Lyon. Hier scheinen noch etliche Leute zuzusteigen. Es rumort im Gang draußen. Einer kommt auch in unser Abteil. Er legt sich bald zur Ruhe.

Inzwischen ist der Zug wieder in Fahrt. Ich schlafe, träume, erwache ab und zu und schlafe erneut. Das nächste Mal erwache ich, weil der Zug nicht mehr fährt. Er steht. Es herrscht gespannte Stille. Man weiß nicht recht, was los ist. Jetzt hört man das Öffnen der Wagentür, darauf Schritte im Gang draußen. Es scheint, dass weitere Fahrgäste zugestiegen sind. Es ist schon nach Mitternacht, wahrscheinlich sind wir in Toulouse. Heftig klopft es nun an die Tür unseres Abteils, die ich vorsichtshalber von innen verriegelt hatte. Ich mache auf. Herein kommt, wie ich im Dämmerlicht schwach erkenne, ein etwas dubios aussehender jüngerer Mann. Er vermittelt mir nicht das beste Gefühl. Nun, Pass und Portemonnaie hatte ich vorsorglicherweise schon vorher im Fußende des Schlafsacks in Sicherheit gebracht. Der Mann richtet sich ein und steigt dann auf die noch freie obere Liege. Weiter geschieht nichts. Mein ungutes Gefühl war umsonst!

Es ist wieder dunkel und ruhig im Abteil und der Zug ist aufs Neue in Fahrt, unablässig weiter durch das nächtliche Südfrankreich. Eigentlich enorm, wie lange man fährt, um von Genf nach Pau zu gelangen. Habe ein dankbares Gefühl für den Zug, der die ganze Nacht so zuverlässig ohne Panne durchgehalten hat.

Bei Tagesanbruch sind wir also jetzt in der Gegend von Pau. Der Zug hält alle zehn bis fünfzehn Minuten an größeren Ortschaften. Inzwischen habe ich mich bereit gemacht auszusteigen. Wann das sein wird, weiß ich noch nicht so recht, gibt es doch in diesem Zug keine Ankündigungen wie zum Beispiel bei den SBB – »nächster Halt in ...« oder Ähnliches. Es geht alles ziemlich stumm zu.

Stehe jetzt im Gang draußen und betrachte durch das Fenster die vorbeiziehende Landschaft. Unter anderem in etwa zweihundert Meter Entfernung gerade überraschend die Kirche von Lourdes, berühmter Wallfahrtsort einer Marienerscheinung. Das Bild dieser Kirche ist mir in den letzten Jahrzehnten dann und wann auf Postkarten und in Zeitschriften begegnet und nun taucht es in einem Moment, da ich an alles andere dachte, nur nicht an Lourdes, unerwartet vor meinen Augen auf. Die Kirche scheint nicht sehr groß zu sein, sie macht jedoch einen recht kompakten und gepflegten Eindruck, als ob sie gerade renoviert worden wäre. Es ist aber nicht das übliche von Menschenmassen bevölkerte Postkartenbild, wie man es kennt, sondern es ist, da morgens um sieben Uhr, alles kahl und leer.

Immer noch im Gang draußen komme ich kurz ins Gespräch mit einem etwa fünfundvierzigjährigen Franzosen. Er sagt unter anderem, er arbeite in Zentralafrika und reise hier in der Nähe an seinen Heimatort, um Ferien zu verbringen. Der Mann macht einen etwas strapazierten Eindruck, möglicherweise Spuren einer langen, ermüdenden Reise. Bei der nächsten Station steigt er aus.

Nun müssten wir demnächst in Pau ankommen! Frage den gerade vorbeikommenden Schaffner. Er sagt: »Übernächster Halt.« Und richtig, genau zu der in meiner Fahrkarte angegebenen Zeit hält der Zug in Pau, und ich bin froh, fürs Erste nun doch einmal bis hierher gekommen zu sein. Ich löse am Schalter ein Billett nach Oloron und warte vierzig Minuten bei neblig kühler Witterung auf dem etwas vereinsamten hintersten Perron. Außer mir warten noch drei weitere Personen, unter ihnen ein großer, kräftig wirkender Mann mit Trekkingrucksack und robustem Schuhwerk. Scheint ein Pilger zu sein, der erste, dem ich begegne.

Nun geht es in fast leerem Züglein etwa eine Stunde durch leicht ansteigendes Vorgebirgsgelände ins 33 Kilometer entfernte Oloron am Fuße der Pyrenäen. Hier umsteigen in den am Bahnhofsausgang bereitstehenden modernen Bus. Er soll uns 55 Kilometer weit zum Somportpass und eventuell weiter nach Canfranc, auf der spanischen Seite der Pyrenäen, bringen. Er ist bereit zur Abfahrt, wartet nur noch auf mich und den Mann mit Rucksack, den ich vor dem Einsteigen kurz begrüße und anspreche. Kaum sind wir im Bus, braust dieser auch schon los. Der Chauffeur scheint es eilig zu haben. Unterhalte mich ein wenig mit meinem Pilgerkollegen, der neben mir sitzt, und erfahre unter anderem, dass er Niko heißt, von Beruf studierter Landwirt ist und in der Nähe von Dresden lebt. Sein Alter schätze ich auf etwa vierzig Jahre.

Betrachte zwischendurch die mir fremde Landschaft, das Tal, durch das wir fahren, und die näher kommenden Berge der Pyrenäen. Ja, die Pyrenäen, die markante Gebirgskette. Klar und sauber trennt sie ja die beiden Länder Spanien und Frankreich, sich vom Mittelmeer bis fast zum Atlantik erstreckend, oft gehört, verschiedentlich im Atlas, doch nie in Wirklichkeit gesehen. Nun erblicke ich sie in dreidimensionaler Gestalt und wahrer Größe. Im Grunde genommen sind es in Form und Farbe mehr oder weniger Berge wie überall, wie zum Beispiel auch in den Alpen. Ich hatte mir früher unter den Pyrenäen jedoch immer ein etwas andersartigeres, exotischeres Gebirge vorgestellt. Nicht gerade aus massivem Gold oder Silber, doch einfach anders, spektakulärer. Die Realität ist für mich also, obwohl an den Bergen grundsätzlich nichts auszusetzen ist, ein wenig enttäuschend.

> Nieselregen auf dem Berge Lu
> und wilde Wellen auf dem Che-chiang;
> solange du nicht dort gewesen,
> wirst du dich darum grämen.
> Warst du erst dort und wendest wieder heim den Schritt,
> wie nüchtern sehen dann die Dinge aus:
> Nieselregen auf dem Berge Lu
> Und wilde Wellen auf dem Che-chiang.

Nun, etwas ist doch noch speziell – womit meiner Vorstellung, die Pyrenäen müssten irgendwie anders sein, wenigstens zum Teil Tribut gezollt wird. Noch auf der Nordseite erscheint nämlich rechter Hand, zwischen den wie üblich graufarbigen Bergen, nach und nach ein mächtiger, pyramidenförmiger, rotgoldfarbiger Berg (also doch noch Gold!). Bin verblüfft. »Wie kommt denn der hierher?«, frage ich mich. Schwer zu sagen, wenn man nicht gerade Geologe ist! Muss meinen Wissensdurst wieder in die Ecke stellen. Da der Bus mit voller Kraft weiter bergan braust und unser Blick vorwärts gewendet ist, entschwindet der rote Berg nach und nach hinter uns.

Inzwischen sind wir auf der Passhöhe angelangt. Eigentlich wollte ich meinen ersten offiziellen Schritt auf dem Jakobsweg hier oben in Szene setzen. Vorsichtshalber, falls das Wetter schlecht sein sollte, habe ich die Fahrt jedoch gleich bis Canfranc-Estación gelöst. Das Wetter ist nun zwar schön, doch der Bus fährt, schön oder nicht schön, in vollem Tempo durch, und als ich es richtig realisiere, ist er auch schon ein gutes Stück unten auf der Südseite. Ich dachte, der Bus würde auf jeden Fall in Somport anhalten. Aber dem war überhaupt nicht so. Nett wäre gewesen, wenn der Chauffeur vor der Passhöhe kurz gefragt hätte, ob jemand aussteigen möchte. Doch nichts dergleichen. Schon beim Einsteigen in Oloron hatte ich den Eindruck, sprechen falle dem Mann möglicherweise ein wenig schwer. Vielleicht denkt er »Reden ist Silber ...«. So ließ ich ihn weiterfahren und ... schweigen.

Zwanzig Minuten später dann, in Canfranc-Estación angekommen, sehen wir uns im Ort etwas um. Sehr außergewöhnlich, ja geradezu gewaltig erscheint hier oben das riesige, stillgelegte neoklassizistische Bahnhofgebäude, ein Palast aus einer vergangenen Boomzeit. Sonst gibt es in diesem Dörfchen für uns kaum Sehenswertes. Wir suchen deshalb gleich den Jakobsweg und finden ihn nach kurzem Spähen in Form eines schlichten, hölzernen Wegweisers mit Jakobsmuschel.

Hier beginnt nun also meine Wanderschaft. Sie soll mich, wenn alles gut geht, in etwa fünf Wochen auf einem der legendärsten Wege Europas über circa 900 Kilometer nach dem magischen Santiago de Compostela bringen.

Ein kleines, unscheinbares Fußweglein führt nun hier gleich in ein Bachtobel hinunter. Nach dem Überqueren des Baches geht es auf angenehmem Wanderweg etwa zehn Kilometer dem linksseitigen Hang entlang bis Villanúa. Schöne Gebirgslandschaft mit viel blühendem gelbem Ginster sowie lieblichen Bergblumen. Nach wenigen Hundert Metern holen wir bereits den ersten Mitpilger ein, da er kurz austreten musste. Es ist ein freundlicher Süddeutscher, etwa fünfzig, namens Franz. Er fuhr von Deutschland bis Oloron mit dem Velo (Fahrrad) und will nun bis Santiago zu Fuß gehen.

Nach dieser kurzen Bekanntschaft gehen Niko und ich weiter. Etwa nach einer halben Stunde – an herabrauschendem Bergbach, in der Frühlingssonne – erste kurze Verpflegung aus dem Rucksack. Nach weiteren zwei Stunden zügigen Wanderns kommen wir im Dorf Villanúa an. Hier trinken wir in einem Restaurant unseren ersten Kaffee auf spanischem Territorium. Dann machen wir uns auf den Weiterweg nach Jaca, eine Kleinstadt mit 15 000 Einwohnern und zugleich unser Etappenziel.

Ausgangs Villanúa treffen wir nochmals Franz, der gelassen und zufrieden in einer Gartenwirtschaft in der Sonne sitzt und es sich anscheinend vor dem großen Abenteuer noch ein wenig gut gehen lässt. Wir sprechen erneut kurz miteinander. Der Süddeutsche macht, wie schon vorhin, einen sehr lockeren, sympathischen Eindruck. Da Niko bereits Kenntnis von meinem fortgeschrittenen Alter von siebzig Jahren hat und dies Franz unter anderem zur Kenntnis gibt, meint dieser, ich würde auch für sechzig noch gut durchgehen. Ich bedanke mich für das Kompliment und verrate ihm, die zehn Jahre, die ich meistens jünger geschätzt werde, seien nicht mein Verdienst, sondern eher eine genetische Angelegenheit.

Da ich mich die ersten zwölf Kilometer dem Tempo von Niko angepasst hatte, was, wie sich herausstellte, für mich eindeutig zu schnell war (altersbedingt und vielleicht auch noch wegen der vorangegangenen ungewohnten Reisestrapazen – Jetlag sowie Debakel in Genf), sehe ich mich im Moment nicht mehr in der Lage, mit der erheblichen Last auf dem Rücken nochmals vierzehn weitere zu laufen, und Niko und ich gehen

getrennt weiter. Bereits im Restaurant fragte ich die Serviertochter (Bedienung) nach dem nächsten Bus nach Jaca. Da
dieser erst in zweieinhalb Stunden fährt und ich in Jaca noch
Geld wechseln will, versuche ich es mit Autostopp. Nach einigen Fehlschlägen hält dann doch einmal ein junger, freundlicher
Spanier an und bringt mich mitten ins Zentrum Jacas. Scheint
aber, dass Santiagopilger normalerweise nicht so freudig mit-
genommen werden. Wahrscheinlich denken die Spanier, wenn
sie schon pilgern wollen, sollen sie laufen ... und grundsätzlich
haben sie damit ja recht.

Hier möchte ich nun zuerst Dollars wechseln, denn bis Sangüesa, vier Tagesetappen weiter, gibt es laut Führer kein Geld-
haus mehr. Aber oha, die spanischen Banken schließen schon um
drei Uhr. Ich versuche also bei Automaten an Euros zu kommen,
aber aus unerklärlichen Gründen funktionieren die drei, die ich
probiere, nicht. Nun, einen gewissen Vorrat der Superwährung
habe ich noch, und wenn ich Glück habe und ein wenig spar-
sam mit den Ressourcen umgehe, könnte es sogar bis Sangüesa
reichen.

Ich suche nun, da mir die Banken und ihre Automaten nicht
hold sind, die Herberge und finde sie anhand der im Straßen-
pflaster eingelassenen Messingmuscheln (Jakobsmuscheln) auf
Anhieb. Gehe etwas neugierig hinein , ist es doch die erste Pilgerherberge, die ich in meinem Leben betrete. Nun, so also sieht
eine Herberge aus! Ein gewöhnliches, solides Haus, scheinbar
vor nicht allzu langer Zeit neu ausgebaut, zwei große Schlaf-
säle mit Einzelbetten, eine geräumige Küche und ausreichend
Duschen und Toiletten. Alles etwas nüchtern zwar, aber sauber
und zweckmäßig. Als Herbergsleiterin waltet eine etwas sonderbare ältere Dame, was für mich aber weiter kein Problem
darstellt. Lerne da gleich Martin, einen einundsiebzigjährigen
Deutschen kennen. Er sitzt im Moment vor dem Schreibtisch
der Dame und befindet sich in einen ziemlich gefühlsbetonten
Disput mit ihr. Der kleine Mann (bin selbst zwar auch kein Riese)

mit grauem Zentimeterbart und kleinen lebhaften Augen ist mir gleich sympathisch.

Nachdem sich die beiden beruhigt haben und ich die Anmeldung ebenfalls hinter mich brachte und ein Bett belegte, gehen wir, Martin und ich, zusammen zum Pilgerbüro in der Kirche, um das Credencial, den Pilgerpass, zu besorgen. Ein älterer, etwas beleibter Seelsorger empfängt uns hier in der Sakristei aufs Freundlichste, sodass es den Anschein macht, auch wir seien auf dem Jakobsweg willkommen. Anschließend gehen wir in einen Supermarkt, um etwas Proviant zu beschaffen. Kaufe Bananen und Nescafé, um am morgen früh in der Herbergsküche einen Kaffee zu brauen. Einen gewissen Vorrat an Essbarem, unter anderem »Appenzellerkäse rezent« (für mich die Nummer eins der Käsewelt – jeder Mensch sollte ihn einmal probieren können!) habe ich von Schaffhausen noch bei mir. Wir sehen uns nun noch ein wenig die Altstadt an. Jaca hat eine lange Geschichte. Schon zur Römerzeit soll es hier Festungsanlagen gegeben haben. Jaca war im frühen Mittelalter eine Grafschaft und wurde um das Jahr 1000 ein Königreich. Es war immer eine wichtige Station auf dem Jakobsweg gewesen. Beachtenswert ist die Kathedrale aus dem 11. Jahrhundert, die erste romanische Kathedrale in Spanien, wie mein Führer zu berichten weiß.

Auf dem Rückweg zur Herberge, durch eine schöne alte Gasse laufend, begegnen wir gleich nochmals Niko und Franz, beide haben sich bei Speise und Trank gemütlich an einem Wirtshaustisch in der Fußgängerzone niedergelassen. Nach kurzem Plaudern gehe ich – Martin setzt sich mit einer Dose Bier noch ein wenig in einen kleinen Park ab – dann wieder in die nun schon etwas vertraute Herberge zurück, wo ich alsbald in meinen Schlafsack schlüpfe und auf erholsamen Schlaf hoffe. Und schon ist ein Tag auf dem sagenumwobenen Jakobsweg zu Ende ...

Von **Jaca** nach **Sta.** Cruz de la Seros – 25 Kilometer

Ich stehe nach passabler Nachtruhe – es gab einige Schnarcher im Schlafsaal – relativ früh auf. Mache in der Küche wie geplant Nescafé. Dazu gibt es Dreiecks-Käsli, Brot, Banane. Da ich die gestrige Etappe etwas anstrengend erlebte, trenne ich mich noch von einem Teil meines Rucksackinhaltes, denn der Rucksack ist es vor allem, der mit seinen zehn Kilo ganz schön in die Knochen, vor allem in die Schultern geht, wie ich gestern feststellen konnte. Ohne Rucksack, oder mit nur einem leichten, wäre Laufen reine Wonne, denke ich mir. Lasse deshalb, was ich nicht unbedingt brauche hier zurück in der Herberge – fürs Erste ein gutes schwarzes T-Shirt mit rotem Emblem sowie eine Trainingshose, die mir meine Tochter Alexandra mitgegeben hatte und um die es mir nicht allzu schade schien. Die Trainingshose war jedoch, wie sich später herausstellen sollte, genau das Verkehrte, nämlich ein Erinnerungsstück von Peter – meine Lehre daraus: Verschenke nie etwas, was nicht dir gehört!.

Mache mich um sieben Uhr auf den Weg. Zuerst durch die fast menschenleeren Gassen der Altstadt. Die Spanier sind offensichtlich keine Frühaufsteher! Ausgangs Jaca ist nun die Signalisierung schon ein wenig unübersichtlich. Ich finde den Jakobsweg mit etwas erhöhter Konzentration aber doch noch.

Es geht nun auf einem asphaltierten Sträßchen, parallel zur Hauptstraße, durch ein ziemlich weites Tal alles geradeaus – nach Westen. Bin allein, kein weiterer Pilger in Sicht. Laufe unbekümmert etwa zwei Kilometer Richtung Santiago. Auf einmal sehe ich aber vor mir in einiger Distanz einen hohen Drahtgitterzaun, der das Sträßchen abrupt sperrt. Denke mir, der Weg wird seitlich des Zaunes als Pfad weitergehen. Dem ist aber dann nicht so, hier ist einfach Ende, ohne jeden Grund. Das fängt ja gut an, raunt es in mir. Muss wieder zurück. Zweihundert Meter weiter hinten finde ich – etwas versteckt zwar, aber

immerhin – einen gelben Pfeil, der nach links auf die Hauptstraße weist. Schäme mich fast ein wenig, war ich doch so naiv
und glaubte, hier gehe nun alles schön geradeaus und ich könne
relativ sorglos nach Compostela wandern. In dieser Hinsicht
muss ich wohl meine Strategie noch ein wenig ändern – besser
aufpassen, die Augen offen immer auf der Hut sein.

Der Jakobsweg quert nun gleich nach dreißig Metern schon
die Hauptstraße und geht den Hang hinauf. Es ist die Abzweigung auf die gebirgige Nebenroute »Jaca – San Juan de la Peña –
Santa Cilia de Jaca«, von der es in meinem Führer heißt: »Ein
großartiges Naturerlebnis« und »Eine der großartigsten Erfah-
rungen des Jakobsweges«. Bin schon ein wenig gespannt, was da
auf mich zukommt. Diese Beschreibung im Führer bewog mich
übrigens, meinen Jakobsweg in Somport beziehungsweise Canfranc zu beginnen und nicht in Saint-Jean-Pied-de-Port, beziehungsweise Roncesvalles, wie die meisten Santiagopilger es tun.
Bin also jetzt auf dem Anstieg zu dem Berg beziehungsweise den
Bergen, die heute zu bewältigen sind.

Nach ungefähr einer halben Stunde, schon auf einer respektablen Höhe angekommen, setze ich mich an den Wegrand, trinke
ein wenig aus meiner Wasserflasche und lasse meinen Blick über
das unter mir liegende Tal und in die umliegenden Berge schweifen. Kein spektakuläres, doch immerhin aber für mich neues
Panorama. Jede Landschaft, wenn sie nicht durch Menschenhand beeinträchtigt ist, hat ja ihren Reiz – bis hin zu den Wüsten.

Unten im Tal, auf der Hauptstraße, sehe ich nun zwei Wanderer laufen. Es könnten Niko und Franz sein, beschwören möchte
ich es aber nicht. Da ich Niko gestern Abend sagte, ich werde
heute die Nebenroute machen und er die gleiche Absicht bekun-
dete, nehme ich an, dass er und Franz mich demnächst ein- und
überholen werden. Mal sehen! Nach der kurzen Rast begebe ich
mich wieder auf den Weg durch die urwüchsige Vegetation.

Zwei Stunden später erreiche ich die Anhöhe der ersten
Bergkette. Ein weites stilles Hochtal eröffnet sich nun meinem

Blick. Unten, etwas über der Talsohle, schmiegt sich ein kleiner Weiler mit alten, eng beieinanderstehenden Steinhäusern an den Hang. Lenke meine Schritte auf kleinem, sympathischem, bergblumengesäumtem Weglein talwärts. Nach dem steilen Anstieg von vorher ist nun abwärtsgehen angenehm, wohltuend, fast eine Erholung. Komme nach etwa dreiviertelstündigem Abstieg unten bei dem hübschen Weiler an. Es ist gemäß Führer »Atarrés«. Ich schreite etwas verlangsamten Schrittes durch dessen einzige Gasse. Die Häuser scheinen bewohnt, doch nirgends ist Leben wahrzunehmen. Nichts regt, nichts bewegt sich unter den milden Strahlen der gleißenden Vormittagssonne. Es herrscht Stille. Komme mir ein wenig vor wie seinerzeit Gary Cooper in »High Noon«.

Verlasse den Weiler alsbald wieder Richtung Talsohle und komme zuerst auf eine gut präparierte Naturstraße, die etwa dreihundert Meter zum nächsten Anstieg führt. Da angelangt geht es auf rauem aber sympathischem Feldweg, der allmählich verwachsener und schmaler wird, aufwärts. Am Wegrand, ja selbst mitten im Weg, stehen wunderschöne, gelb leuchtende Blumen in kleineren und größeren Büscheln und Grüppchen.

Ich erfreue mich heute, nach meiner gestrigen Schlappe, einer guten Form und befinde mich in der beneidenswerten Situation, nun unbeschwert – wie einst Rudolf Schock – ausgiebig durch die herrliche Natur wandern zu können.

Komme nach einem steilen Stück auf flacheres Terrain und sehe vor mir unvermutet einen großen brachliegenden Acker. Der Weg führt direkt zu ihm – und endet. Bin ein wenig verdutzt. Schaue, ob er möglicherweise bergseitig weitergeht und ob vielleicht irgendwo ein gelber Pfeil der Entdeckung harre. Aber da ist nichts, weder ein Pfeil noch eine Spur von einem Weg, nur eben – ein Acker.

Es scheint, dass ich zum zweiten Mal innerhalb kurzer Zeit in die Irre gelaufen bin. Also wieder zurück. Nach etwa einem halben Kilometer Rückzug sehe ich nun links an einem kleinem

Felsen ein in Gelb hingemaltes ziemlich großes »X«. Ich schaue mich hier etwas näher um und entdecke alsbald, dass rechts im hohen Gras ein kaum sichtbarer Pfad in spitzem Winkel wegführt und sich gleich dabei auf einem unscheinbaren kleineren Stein ein gelber Pfeil befindet. Nun, das Übersehen des halb verborgenen Wegleins und des schlecht sichtbaren Pfeiles wäre ja noch zu verzeihen, das des gelben »X« (bedeutet: Hier nicht weitergehen!) aber schon weniger. Auch wenn ich die Bedeutung des »X« noch nicht kannte und in meinem Führer darüber auch nichts vermerkt ist, hätte ich hier natürlich »hellhörig« werden und mich etwas genauer umsehen müssen. Doch es war, hin und zurück, ein schöner Kilometer mit Blumen von nie gesehener Leuchtkraft. Und wer weiß, für was es sonst noch gut war. Ich hoffe aber dennoch, dass das »Michverlaufen« nicht in diesem Rhythmus weitergeht, sonst müsste ich meinen Lieben zu Hause dann gelegentlich mitteilen, dass sich mein Jakobsweg voraussichtlich etwas länger hinziehen könnte. (Das gelbe »X« war übrigens von Canfranc bis Finisterre das Einzige, dem ich begegnete, konnte also die neue Erfahrung leider nicht mehr gewinnbringend anwenden.)

Nun geht es auf reizvollem Weg durch schöne niederwachsende Flora in Serpentinen bergaufwärts weiter. Ich komme alsbald zu einem murmelnden Bächlein mit kristallklarem Wasser, einer idealen Stelle für Mittagsrast und Picknick. Ziehe als Erstes die Schuhe und Socken aus und erfrische meine Füße im kalten Nass – fabelhaft! Packe den Rucksack aus. Mein Picknick besteht heute aus »Salametti« (eine vorzügliche Schweizer Salami!) sowie Appenzellerkäse, Brot, Bier und zum Dessert getrocknete Banane. Es fehlt mir an nichts, bin rundum zufrieden. Genieße noch eine Viertelstunde das Nichtstun und schaue auf dem Rücken liegend in den Himmel. Es ist ruhig und friedlich hier. Ich spüre die angenehme Wärme einer frühlingshaften, mild auf mich einstrahlenden Sonne. In großem Umkreis, ja im ganzen Tal, scheint keine einzige Menschenseele zu sein, nur Natur, absolute Stille, ich selbst – und über allem ein makelloser blauer Himmel. Wäre schön, noch länger hier liegen zu bleiben, aber mein Bestimmungsort ist nun mal Santiago!

Da kommt noch ein schöner, gelbweißschwarzer Schmetterling – dem Schwalbenschwanz ähnlich – im Gleitflug dahergesegelt. Er scheint etwas zu suchen, flattert hierhin und dorthin, findet aber nichts und verabschiedet sich wieder lautlos zu neuen »Jagdgründen«. Ich nehme mir ein Beispiel an seiner Emsigkeit und Leichtigkeit, schultere den Rucksack und mache mich auch wieder auf den Weg.

Es geht jetzt in Windungen lange den Berg hoch, durch Blumen, Buschwerk, kleinwüchsige Föhren und Eichen. Der Weg ist meist schmal und rau und steil und anstrengend, wie Bergwege oft sind, aber dennoch ist es gut, ihn zu gehen. Nur von den Singvögeln in den Bäumen und den Greifvögeln am Himmel, wie sie in meinem Führer geschildert sind, bemerke ich nicht sehr viel. Auch die versprochenen Schmetterlinge sind nicht so zahlreich wie beschrieben und wie ich sie im Geiste schon vor mir durcheinanderflattern sah. Schade! Nun, der eine von vorhin muss für alle stehen, beziehungsweise fliegen.

Ungefähr um zwei Uhr, der Weg ist inzwischen in eine kleine asphaltierte Bergstraße gemündet, die zum neuen Kloster Juan de la Peña führt, mache ich eine Bananenrast. Ich sitze am Straßenrand über einem mit großen Föhren bewachsenen steilen Abhang und überlege, ob ich wohl hier im Kloster übernachten kann. Da mein Führer nichts von einer solchen Möglichkeit angibt, mache ich mich schon einmal mit dem Gedanken vertraut, im Wald unter freiem Himmel zu übernachten, denn ich bin nach sieben Stunden Bergwanderung, mit schwer an mir hängendem Rucksack, doch schon ein wenig geschafft. Und nun, was sehe ich in etwa hundert Meter Distanz die Straße heraufkommen? Niko ... tatsächlich! Ich dachte, er habe mich wahrscheinlich weiter unten, während ich auf »Abwegen« war, überholt, sei schon über alle Berge und ich würde ihn, da er jünger und schneller ist, wohl nie wiedersehen. Wir sind erfreut über das unerwartete, überraschende Wiedersehen und auch über die schon am zweiten Tag erbrachte nicht geringe Leistung – wir hätten sie uns beide nicht zugetraut.

Wir laufen nun gemeinsam weiter und kommen bald zum Neuen Kloster, einem riesigen, modernen, nicht gerade schönen Komplex, der eher aussieht wie ein modernes Kongressgebäude als ein Kloster. Wir gehen, da die Tür offen steht, kurz hinein, aber eine Señorita weist uns gleich wieder hinaus, weil nach ihrer Meinung Feierabend ist. Diese Anlage wirft dem Laien die Frage auf, welchem sonderbaren Zweck sie wohl dienen könnte? Wir haben es nicht herausgefunden.

Nun machen wir noch den Abstecher, etwa fünfzehn Minuten durch den Wald leicht aufwärts, zur »Pyrenäenkanzel«, wo gemäß Führer ein grandioser Ausblick auf die Pyrenäen zu erwarten ist. Leider ist es aber in der Ferne mittlerweile etwas trüb und der Blick deshalb mäßig. Von hier gehen wir deshalb alsbald wieder hinunter; zum naheliegenden, burgähnlichen alten Kloster aus dem 11. bis 14. Jahrhundert, seinerzeit eines der wichtigsten Klöster Spaniens und Pantheon der Adeligen von Aragon. Der Heilige Gral (ein wundertätiges Gefäß, spendet Glückseligkeit und ewige Lebenskraft und wurde in Burgen von Gralsrittern bewacht) soll übrigens auch einmal hier gewesen sein. Das eindrucksvolle Kloster ist unter einen etwa hundert Meter hohen Felsüberhang gebaut. Erstaunlich, was Menschen im frühen Mittelalter hoch oben in den Bergen da schufen!

Weiter geht's, zuerst eine halbe Stunde auf schönem ebenem Waldweg geradeaus der Bergflanke entlang, anschließend auf grobem Schotterweg im Zickzack lange Zeit steil den Berg hinunter. Bin nach zehnstündigem Laufen erstaunt über meine immer noch vorhandene Kraftreserve und Trittsicherheit. Kann mühelos mit Niko mithalten (wenn nicht sogar mehr!), was mein Selbstvertrauen bezüglich Jakobsweg prompt ein wenig festigt.

Nach insgesamt etwa elfstündiger Wanderung erreichen wir Santa Cruz de la Seros. Es ist ein Dörfchen mit wiederum alten Steinhäusern und schöner romanischer Kirche aus dem 11./12. Jahrhundert. Da es hier keine Pilgerherberge gibt, übernachten wir im Hotel. Es scheint, dass Niko und ich heute die Einzigen waren, die die Nebenroute gegangen sind. Wir treffen hier aber dennoch Anja und Charlie, ein nettes, jüngeres deutsches Paar mit Wohnsitz in Andalusien, das ebenfalls auf Pilgerschaft ist. Sie haben Santa Cruz über einen anderen, näheren Weg erreicht. Die beiden waren es übrigens, wie ich jetzt erkenne, die ich gestern ausgangs Villanúa sah, als ich zwecks Autostopp auf der Hauptstraße lief. Sie gingen, etwa hundert Meter von mir entfernt auf dem (eigentlichen) Jakobsweg durch lichten Wald. Die Frau, also Anja, winkte mir von dort spontan zu. Eine schöne, sympathische Geste – von Unbekannt zu Unbekannt!

Wir setzen uns nun alle vor dem Restaurant an einen Tisch, der aus Platzgründen fast den Eingang zur Gaststube versperrt, und trinken Bier. Dann beziehen Niko und ich unser Zimmer, duschen und ruhen uns nach dem doch etwas anstrengenden Marsch ein wenig aus. Später gibt es im Restaurant ein währschaftes, deftiges Abendessen. Niko und ich unterhalten uns dabei ausgiebig und lange über Gott und die Welt.

Nun doch reichlich müde gehe ich aufs Zimmer und alsbald zu Bett. Sehe im spanischen Fernsehen noch einen Stierkampf, wobei der Stier wie üblich am Ende barbarisch zu Tode gebracht wird. Je älter ich werde, desto bewusster und schmerzlicher wird mir das Leid der Tiere, und eines der größten Rätsel ist für mich, dass es Menschen gibt, die Tiere misshandeln und quälen – und der »Herrgott« lässt es geschehen ...

Etwas später kommt auch Niko. Er, Charlie und Anja hatten im Restaurant unten noch etwas getrunken. Niko sagt , dass er an der Bar stehend plötzlich ohnmächtig wurde und umfiel. Einfach so, zwischendurch, ohne ersichtlichen Grund. Er sei aber schnell wieder zu sich gekommen und aufgestanden. Jetzt, eine Viertelstunde später, würde nicht das Geringste auf diese Episode hinweisen, Niko scheint so gesund und kräftig wie zuvor.

Von **Santa Cruz** nach **Arrés** – 18 Kilometer

Habe gut geschlafen. Es ist hier oben – im Gegensatz zum Hotel in Genf – auch schön ruhig. Geschnarcht hat scheinbar, wie Niko und ich uns gegenseitig versichern, auch niemand. Nach gepflegtem Frühstück mache ich mich wieder allein auf den Weg. Das Wetter ist schön.

Laufe zuerst etwa sechs Kilometer auf schmaler Landstraße mit wenig Verkehr leicht abwärts. Spüre vom gestrigen für den Anfang doch recht anständigen Pensum überraschenderweise fast gar nichts. Mache dennoch nach eineinhalb Stunden an geeigneter Stelle neben der Straße in schönem dichtem Gras einen ersten Halt. Finde, ein paar Gymnastikübungen könnten nicht schaden. Mache am Schluss auch noch den Kopfstand, fühle mich dabei dank jahrzehntelanger Übung gut ausbalanciert. Der Kopfstand ist ja bekanntlich gut für die Gehirndurchblutung. Er ist, wie es in meinem fünfzig Jahre alten Yogabuch steht (»Durch Yoga jugendfrisch« von Indra Devi), die Königsübung des Körperyoga. Es heißt dort unter anderem: »Für Personen, die an Kopfschmerzen, Nervosität, Schlaflosigkeit, Verdauungsstörungen, Asthma, Leber-, Milz- und Augenstörungen, Mannesschwäche, Eierstocks- und Gebärmutterkrankheiten leiden, ist der Kopfstand eine wertvolle Übung. Er ist ein wirksames Kräftigungsmittel und fördert den Blutkreislauf. Er entlastet das Herz, regt das ganze Nervensystem an, weil er dem Gehirn in erhöhtem Masse Blut zuführt und sowohl die endokrinen Drüsen (Hypophyse und Zirbeldrüse) anregt, als auch Schilddrüse, Nebenschilddrüsen und Geschlechtsdrüsen. Er hilft den Kopf klar, das Denken scharf und den Geist rege zu erhalten«. Fürwahr, ein beachtliches Sortiment! Soweit Indra Devi.

Ich selbst, noch immer auf dem Kopf, bekomme alsbald Applaus von der Straße – in Form von Autohupen. Wahrscheinlich trifft man in Spanien nicht so oft kopfstehende Leute an, besonders nicht entlang der Landstraßen, weshalb Hupen eine gewisse Berechtigung haben mag, aus welchem spezifischen Grund auch immer. Bald danach hupt es schon wieder. Nun breche ich die fernöstliche Gymnastik ab, bevor mir noch jemand die Feuerwehr oder Massiveres an den Hals schickt.

Weiter geht's auf jetzt etwas verkehrsreicherer Landstraße. Ich komme nach Santa Cilia de Jaca. Wie dem Führer zu entnehmen ist, geht der Jakobsweg hier durch. Ich bin also noch auf der richtigen Route. Zwischendurch muss aber irgendetwas falsch gelaufen sein, denn der Führer beschreibt zwischen Santa Cruz de la Seros und Santa Cilia de Jaca einen mehrere Kilometer langen Pfad, rot-weiß markiert, der durch eine wilde Landschaft führt. Ich selbst erlebte jedoch überhaupt keine wilde Landschaft, sondern marschierte immer auf eher zahmem, asphaltiertem Sträßchen dahin. Da ich aber eigentlich schon ein wenig Fan von wilden Landschaften bin, finde ich es ausgesprochen schade, irgendwie außen herumgegangen zu sein. Möglicherweise ist es aber wieder einmal mein Fehler, sei es, dass ich irgendwo im entscheidenden Moment in die falsche Richtung schaute, oder dass ich einfach geistesabwesend war. Bin aber wie gesagt, und das ist das Wichtigste, im Moment noch, oder wieder, auf der richtigen Route.

Gehe weiter auf der Straße nach Arrés. Außerhalb Santa Cilia de Jaca, der Weg führt hier durch lichten Baumbestand, komme ich unverhofft zu einer Sehenswürdigkeit, die, wie ich finde, ihresgleichen sucht. Am Wegrand stehen dicht gedrängt niedliche »Steinmännchen«, aus eher flachen Steinen lose aufgebaut. Zuerst auf einer Seite, dann beidseits des Weges. Und es werden ihrer immer mehr, ein ganzes Heer. Je weiter ich komme, desto dichter stehen sie. Kleine, mittlere, große, schlanke, dicke, jedes einzelne in der Form ein wenig verschieden und im Mittel vielleicht etwa sechzig Zentimeter groß . Alsbald stehe ich mitten in dem etwa fußballfeldgroßen bezaubernden »Skulpturengarten«. Ein faszinierender Anblick und ein Werk, das, würde es sich zum

Beispiel im Central Park in New York befinden, Berühmtheit erlangen könnte! Das Ganze wurde im Laufe der Zeit schlicht und einfach von unzähligen vorbeikommenden Pilgern geschaffen. Man kann nur hoffen, dass da nie ein stärkeres Erdbeben vorbeidonnert! Ich fragte mich noch, woher denn all die abgeflachten Steine ursprünglich wohl kamen. Irgendwie mussten sie ja einmal hierher gekommen sein, bevor der erste Pilger den ersten Stein in die Hand nahm, um das erste Männchen zu bauen, doch wie, lässt sich nicht im Geringsten erklären. Nach dem roten Berg schon wieder ein steinernes Rätsel!

Die letzten drei Kilometer geht es nun auf einem schönen Höhenweg durch herrliche farbenprächtige Vegetation. Gräser, Blumen noch und noch, Sträucher, Büsche, Zwergbäumchen, alles wunderschön und harmonisch hinkomponiert. Eine Augenweide sondergleichen – vielleicht in etwa mit dem Aletschwald (Wallis/Schweiz) im Herbstkleid zu vergleichen – und hier hindurchzuwandern ist ein einziger Genuss.

Komme gegen drei Uhr in Arrés, einem kleinen, einsamen, leicht erhöhten Weiler mit wiederum alten Steinhäusern an. Eigentlich sollte dies mein Etappenziel sein. Seltsamerweise weist aber ein gelber Pfeil gleich an der ersten Hauswand nicht in den Weiler hinein, sondern daran vorbei, mehr oder weniger in die offene Landschaft hinaus. Es irritiert mich ein wenig, ich vertraue jedoch dem Pfeil und laufe auf betoniertem Sträßchen leicht abwärts (nicht ahnend, dass ich zwanzig Meter vor der Herberge bin, beziehungsweise gerade war). Nach etwa hundert Metern geht es nun links auf einen schmalen Pfad und kurz danach noch am letzten allein stehenden Haus vorbei und – vor mir nur noch weites, offenes Land. Nun meldet sich verstärkter Argwohn. Ich halte an, schaue zurück, dann wieder vor mich und es dauert nicht allzu lange, bis ich fast ganz sicher bin, dass die Herberge nicht irgendwo in weiter Ferne liegen kann, sondern dort oben, wo ich vorhin gerade war, stehen muss.

Wieder oben angekommen, erkenne ich sie diesmal sofort

an einem kleinen Schild. Sie ähnelt ein wenig einer Alphütte. Der etwas verwirrende Pfeil an der Hauswand, dem ich vorher folgte, ist für diejenigen Pilger gedacht, die direkt zur nächsten Herberge weiter gehen wollen, wie auch für jene, die in Arrés übernachtet haben, damit sie morgens früh gleich in die richtige »Bahn« einlenken.

Die Herberge hier ist ein relativ kleines, altes, gemütliches Steinhaus. Auf dem Holzbänklein davor sitzt ein etwas angegrauter Mann mit kurzem Vollbart, um die fünfzig herum. Begrüße ihn. Es ist Paco, der Herbergsleiter, Freiwilliger (Hospitalero voluntario), der hier zwei Wochen seiner Ferien »opfert«. Er bittet mich, die Schuhe auszuziehen und dann hinein an einen Tisch. Hier informiert er mich – sozusagen in Privataudienz – genauestens über die Hausordnung. Muss am nächsten Spiegel einmal mein Äußeres überprüfen, ob daran vielleicht etwas Verdächtiges sein könnte, das möglicherweise seinen Argwohn schürte. Es stellte sich dann aber später heraus, dass seine etwas nach Belehrung anmutenden Ausführungen weniger mit meinem Äußern und meiner Person zu tun hatten, als wahrscheinlich mehr mit seiner allgemeinen »Geschäftspolitik« bezüglich Ordnung und Sauberkeit in der Herberge, die ihm offenbar sehr am Herzen liegt.

Für das Übernachten wird hier übrigens kein fester Preis verlangt. Jeder kann spenden was er will. Suche mir nun ein Bett aus, dusche, richte mich ein und erkunde anschließend kurz den kleinen, fünfzehn Seelen zählenden Weiler. Niko ist inzwischen auch eingetroffen. Ebenfalls Anja und Charlie, die aber im drei Häuser entfernten Hostal übernachten. Ich ruhe mich ausgestreckt auf dem Bett noch ein wenig aus, was nach dem heutigen »Spaziergang« von 18 Kilometern nicht unbedingt notwendig wäre, aber dennoch recht angenehm ist.

Gehe anschließend ein Stück den seitlich der Herberge ansteigenden, einladenden Berghang hinauf, setze mich auf ein Felsband und überschaue das unter mir liegende Dörfchen. Etwas später kommt auch Niko. Wir unterhalten uns ein wenig über den Verlauf des heutigen Tages und genießen den Augenblick und das still daliegende, fast 360 Grad umfassende großartige Panorama.

Paco kocht heute für seine Pilger ein Abendessen. Nach dem Essen »offeriert« er noch eine Führung in dem kleinen, aber ganz speziellen, uralten winzigen Kirchlein gleich neben der Herberge. Ein rühriger Pilger aus Madrid, Pablo mit Namen, der irgendwie plötzlich in der Kirche vorhanden ist, übersetzt ins Deutsche und Französische, denn es sind auch noch drei ruhige, freundliche Franzosen da, eine Frau und zwei Männer älteren Jahrgangs.

Erwähnenswert ist noch das Zusammentreffen hier mit Anina und Daniela, zwei jungen, feschen Tirolerinnen, und der ebenfalls noch jungen, etwas ernsten Renate aus der Slowakei. Sie sind schon seit Lourdes zusammen auf dem Jakobsweg, übernachten heute auch hier und polieren die nicht gerade übertrieben illustre Gesellschaft etwas auf.

Donnerstag, 24.05. – 5. Tag
Von **Arrés** nach **Ruesta** – 30 Kilometer

Schönes Wetter begrüßt mich heute Morgen. Ich begebe mich wiederum allein auf den Weg. Der Anfang ist mir geläufig. Ich bin ihn gestern ja schon ein Stück weit gegangen!

Etwa eine halbe Stunde auf dem Weg, als ich mich kurz am Rande des leicht abfallenden hell gekiesten Sträßchens hinsetze, um die Vliesjacke auszuziehen und im Rucksack zu verstauen und einen Schluck aus der Wasserflasche zu nehmen, kommt ein schätzungsweise sechzigjähriger, eher kleiner graubärtiger Mann des Weges. Wir begrüßen uns, er bleibt stehen und wir unterhalten uns kurz. Er ist aus Südafrika und scheint ein richtiger »Trekker« zu ein. Er sagt denn auch, er laufe jedes Jahr ein paar Monate irgendwo in der Welt umher. Sein Hut scheint es zu bestätigen, ist er doch voller Nationalzeichen, darunter auch, nicht unsympathisch, das Schweizer Kreuz. Da er kein Bedürfnis hat, sich ebenfalls zu setzen, verabschieden wir uns kurzerhand wieder. Er geht weiter, ich etwas später auch, durch insgesamt eher flaches Gebiet mit ab und zu sanften, weit gezogenen Erhebungen. Vorherrschend sind Kornfelder und Wiesen. Am Wegrand und in der Weite leuchten immer wieder Blumen in bunter Mischung. Ab und zu schöne Ausblicke auf neu auftauchende Landschaftsbilder.

Nach etwa einer Stunde ruhigen Wanderns stoße ich auf eine kleine Überraschung. Aus einiger Distanz sieht es nach einem erheblichen Hindernis aus. Ein Fluss überflutet da vorne den Weg ohne jede Vorwarnung. Näherkommend verliert die Situation jedoch an Dramatik, erweist sich doch der Fluss bei näherem Hinsehen als ein eher sanftes Flüsschen, von respektabler Breite von etwa fünfzehn Metern zwar, aber nur etwa zwanzig Zentimeter tief. Klar und seelenruhig, als ob es das Normalste der Welt wäre, überfließt es das sauber präparierte Natursträßchen. Für die Pilger sind Trittsteine gelegt, auf denen das Gewässer trockenen Fußes überschritten werden kann. Alles in allem ein lieblich-keckes Zwischenspiel.

Etwas später treffe ich am Wegrand Niko, Pablo und Daniela, die mit Blasen an den Füssen zu kämpfen hat. Pablo, seines Zeichens versierter Reiseleiter aus Madrid, der scheinbar fast alles in seinem Rucksack mit sich führt, hat sein »Feldlazarett« aufgeschlagen und verarztet Daniela unter Assistenz von Niko, wie es scheint, aufs Beste. Ich werde also nicht gebraucht und gehe weiter.

Etwas seltsam und sehr außergewöhnlich muten in dieser Gegend die vielen mächtigen, etwas erodierten geologischen Formationen an, die aus dem insgesamt leicht kupierten Gelände herausragen. Sie sehen aus wie riesige, von Menschenhand rund und weich geformte, hellgraue Skulpturen. Mit etwas Fantasie könnte man in ihnen eine gewisse Elefanten-, Walfisch- oder Saurierhaftigkeit erkennen – sie harren meinerseits (wieder einmal) einer geologischen Erklärung.

Nach neunzehn Kilometern kommen Anina, Renate, Niko und ich kurz hintereinander zu einer Straßenabzweigung, die nach Artieda, einem hübschen, kompakten, auf einer Anhöhe thronenden Dörfchen, führt. Hier machen wir Mittagsrast. Ein alter, teilweise eingestürzter Schober dient uns als Picknickplatz, nicht gerade ein gehobenes Ambiente, jedoch immerhin ein wenig Schatten spendend. Daniela und Pablo, die als Letzte unserer sich heute langsam formierenden Gruppe auch noch eintreffen, anerbieten sich, die achthundert Meter – Distanz, nicht Höhenmeter – nach Artieda hinaufzusteigen, um Proviant einzukaufen. Erstaunt mich ein wenig, da Daniela ja unterwegs gerade erst wegen Blasen verarztet werden musste. Sie scheint aber dem Schmerz zu trotzen und ihr Gesicht widerspiegelt denn auch, wie mir scheint, etwas leicht Trotzig-Mutiges. Da ich selbst keinen Einkaufsbedarf habe, mische ich mich aber nicht ein. Die beiden kommen etwas später mit gefüllten Einkaufstaschen zurück und präsentieren vor allem eine reiche Auswahl verlockender Früchte. Anja und Charlie erscheinen übrigens auch noch, um kurz zu grüßen. Sie gehen aber gleich nach Artieda, ihrem heutigen Etappenziel weiter.

Nach dem Picknick und etwa halbstündiger Siesta im Gras rafft man sich, zuerst ich, dann Renate, zum Weiterwandern nach Ruesta auf, noch weitere elf Kilometer.

Ein Teilstück gegen Ende der heutigen Etappe führt nun ziemlich überraschend durch einen – fast möchte man sagen »Märchenwald«. Er besteht vorwiegend aus kleinen, etwa zehn bis zwanzig Zentimeter dicken flechtenbehafteten Eichenbäumchen, jedes von ihnen ein eigenwilliges, knorriges Unikat. Die vielfältigen Variationen der Stämmchen, die originell geformten Äste und Ästchen, die filigranen Zweige und Blätter, am Boden dann die Moose, Gräser, Blumen und Sträucher, außerdem die Harmonie der Farben, das Spiel von Licht und Schatten und das perfekte Zusammenspiel von allem bewirkt einen außergewöhnlichen Zauber ...

Renate, mit der ich hier im »Märchenwald« nichts ahnend und etwas treuherzig laufe und mich unterhalte, beschleunigt nun plötzlich ihren Schritt. Es entsteht ein Abstand zwischen uns, der sich laufend vergrößert und bald sehe ich nichts mehr von ihr. Bin ein wenig verdutzt und frage mich, was der Grund dieser abrupten Trennung sein mag. Getan habe ich ihr nichts und meines Wissens auch nichts Unpassendes gesagt. Vielleicht will sie aber das Märchen schlicht für sich allein genießen, einen andern Grund kann ich im Moment nicht erkennen. Dass sie in einem Zug gleich bis Santiago durchläuft, ist kaum zu befürchten, wenn es im ersten Moment auch ein wenig danach aussah!

Der Weg geht inzwischen nahe dem Waldrand entlang und es eröffnet sich rechter Hand gleich noch eine zusätzliche Idylle. Da mir im Moment eine kurze Pause nicht ungelegen kommt, trete ich durchs Gebüsch ganz aus dem Wald hinaus und setze mich ins Gras. Vor mir liegt nun eine weite, flache Magerwiese, übersät mit schlanken Halmen, Gräsern und Feldblumen, solide eingerahmt von Hecken, Büschen und Wald. Berückende Stille liegt über dem Ganzen. Erinnerungen an sommerliche Jugendtage werden wach, als die Zeit stillzustehen schien und nichts als das verhaltene Weben und Walten der Natur kaum wahrnehmbar vibrierte .

Bin heute, nebst Renate, abwechselnd noch Teilstrecken mit Anina und Pablo gelaufen und lernte sie ein wenig näher kennen. Nach toller, abwechslungsreicher, aber relativ lang erscheinender Wanderung – dreißig Kilometer sind natürlich für einen normalen Wanderer nicht gerade wenig – Ankunft in Ruesta, einem kleinen, abgelegenen »Ruinenweiler« inmitten von Wald und Wiesen. Ruesta war im Mittelalter eine wichtige Festung und Station auf dem Jakobsweg. Die Ruinen sollen von einer Burg aus dem 11. Jahrhundert stammen. Ganz in der Nähe, vom Wald verdeckt, strandet hier, wie ich hörte, ein idyllischer See. Wäre eine gute Badegelegenheit, doch da wir relativ spät eintrafen, »vergisst« man es.

Hier in Ruesta scheint es außer Ruinen nur zwei bewohnte Häuser zu geben. Die Herberge, ein großes renoviertes Steinhaus, und gleich daneben – durch eine drei Meter breite, mit großen Pflastersteinen belegte alte Gasse getrennt – ein Restaurant, ebenfalls in alten Gemäuern. Finde nach einigem Hin und Her den etwas getarnten Eingang zum Restaurant doch noch. In der Gartenwirtschaft zuerst Durst löschen, zusammen mit Nico, Pablo und den drei jungen Frauen. Etwas später Bett belegen, einrichten und duschen, das übliche, nach langem Marsch notwendige »Ritual«.

Wurde im Dusch-/Toilettenraum, hier für Frauen und Männer getrennt, in ein pikant-peinliches Intermezzo verwickelt. Ich stand nichts ahnend, im Begriff, mich zu rasieren, vor Waschtisch und Spiegel. Da erschien aus einer der Duschen hinter mir, still, fast geisterhaft, eine ungefähr fünfundvierzigjährige große, üppige, nicht überaus attraktive Frau, und zwar nicht etwa notdürftig bekleidet, wie man annehmen möchte, sondern ... splitternackt. Eben noch ganz allein in dem kleinen Waschraum erschrak ich ein wenig, so plötzlich, in kaum einem Meter Abstand neben einer ihre ganze natürliche Pracht präsentierenden Dame zu stehen. Vom ersten Augenblick an – und ihr etwas schuldbewusstes Gesicht schien es zu verraten – hatte ich den Eindruck, die gute Frau sei nicht aus Versehen in diese Männertoilette geraten (Pablo, dem ich es nachher erzählte, meinte sogar – agil, wie er ist – kurz und bündig: »Sie suchte etwas!«). Nach einmal Leerschlucken sagte ich ihr, dass dies die Herrentoilette sei. Sie tat, als ob sie es nicht gewusst habe, entschuldigte sich aber und verließ den Raum – nicht ohne mich im Vorbeigehen in ihrer Unbekleidetheit noch deutlich zu streifen. Ich weiß nicht, ob sie eine Pilgerin war. In dieser Herberge können auch normale Touristen übernachten. Ich habe sie nicht mehr gesehen, worüber ich nicht unglücklich bin.

Später gemeinsames Abendessen im Restaurant mit Niko & »Co.«, und auch mit den drei Franzosen, die schon in Arrés da waren. Spazierte nach dem Essen noch ein wenig zwischen den Ruinen. Plauderte da und dort etwas mit Pilgern, unter anderem mit Daniela, der trotzig-netten Studentin aus Tirol.

Freitag, 25.05. – 6. Tag
Von Ruesta nach Sangüesa – 22 Kilometer

Verlasse die Herberge und Ruesta beizeiten. Es geht zuerst auf schmalem erdigem Trampelpfad etwa vierhundert Meter abwärts durch viel grünes, krautiges Gewächs. Komme zum Jakobsbrunnen aus dem 17. Jahrhundert. Hier stehen tatsächlich auch die im Führer erwähnten tausendjährigen Eichen. Mir scheinen tausend Jahre zwar etwas hoch gegriffen, aber wer weiß?

Nun geht es lange in der Morgensonne auf schöner Natur-Waldstraße bergauf. Mache in einer mit Gras, Blumen und Jungbäumchen bewachsenen Lichtung kurz »Znünirast« (vormittägliche Imbisspause). Stärke mich mit Dreieck-Schachtelkäsli, Brot und Wasser. So einfach das »Menü« auch ist, es mundet vortrefflich.

So allein in dieser Lichtung sitzend und die mich umgebenden Jungbäumchen und Blumen vor Augen, scheint es mir im Moment, als ob diese mich ebenso anblickten wie ich sie. Selbst die vorderen Fichten des die Lichtung umschließenden Waldes scheinen ihre Neugier nicht ganz verbergen zu können. Hinter dem Wald, etwas entfernt, erstreckt sich eher teilnahmslos ein einsamer, ockerfarbiger Hügelzug und dahinter grüßen aus der Ferne blassblaue Berge.

Menschen – Pilger, Wanderer – sind während meiner Rast keine vorbeigekommen. Es waren auch nicht viele in der Herberge, vielleicht etwa ein Dutzend, und die sind wahrscheinlich schon vor mir »verreist« – oder sie kommen noch. Bin also bis jetzt auch heute einmal mehr allein inmitten stiller Natur.

Breche wieder auf und stelle beim Weiterlaufen fest, dass

mir dies, wie auch schon vor dem Halt, ein wenig schwerfällt. Scheint, dass ich am Morgen manchmal ziemlich lange brauche, bis ich mich eingelaufen habe. Atme etwas tiefer als normal, um auf Touren zu kommen. Spüre deutlich, fast zu deutlich, das Gewicht des Rucksacks. Gehe etwas verhalten weiter den Bergrücken hinan.

Der Hügel schien mir von Ruesta aus nicht sehr hoch zu sein, doch jetzt, immer wenn ich glaube, nach der nächsten Biegung bestimmt oben anzukommen, geht es prompt noch weiter. Und wie steht es nun mit der weisen Erkenntnis »der Weg ist das Ziel«?, wird man mich fragen. Aber vier Kilometer sind eben vier Kilometer, besonders aufwärts.

Erreiche schließlich doch noch den Kulminationspunkt. Hier weite Rundsicht in eine schöne flachhügelige Landschaft. Hauptsächlich Getreide-Ackerland, an Hang- und erhöhten Lagen niedriger Wildwuchs, kaum Wald. Vorne links, auf kleiner Anhöhe, etwa fünf Kilometer entfernt, ein Dörfchen – muss Undués de Lerda sein. In diese Richtung geht es nun durch schöne karge Vegetation auf sympathischem Wanderweg leicht bergab. Laufe immer noch allein und genieße es.

Gedanken kommen und gehen. Dass der Jakobsweg nun doch noch so gut angelaufen ist, erfüllt mich mit einer gewissen Zufriedenheit. Und Ruhe herrscht weiterhin. Seit Ruesta keine menschliche Stimme, kein Motorrad, kein Traktor, kein Autolärm, weder nah noch fern. Auch am Himmel ist es still, nicht ein einziges Flugzeug kreuzt den reinen Äther. Komme jetzt ausnahmsweise aber doch zu zwei stehen gebliebenen weiblichen Wanderern. Grüße sie, gehe an ihnen vorbei und weiter.

Etwa eine halbe Stunde vor Undués de Lerda geht es nun recht steil abwärts, davon ungefähr zweihundert Meter auf einer original alten Römerstraße. Über diese Steine haben sich also vor ungefähr zweitausend Jahren Menschen mit Tier und Gerät gemüht. Wahrscheinlich lamentierten sie wohl auch dann und wann und fragten, was sie denn in diesem gottverlassenen

Nordspanien zu suchen hätten. Menschen die, obwohl etwa achtzig Generationen zurück, möglicherweise nicht sehr verschieden von uns heutigen waren ... oder doch?

Komme zum tiefsten Punkt des kleinen Tälchens, das vom Hang, den ich gerade herunterkomme, und der Steigung nach Undués de Lerda hinauf gebildet wird. Hier fließt ein klares Bächlein. Sehe mich kurz nach Fischen um, kann aber keine entdecken. Stimme als Ersatz so gut es geht »An einem Bächlein helle« an und folge dem schmalen Weg nach Undués hinauf. Nach etwa fünfhundert Metern Aufstieg komme ich oben auf einer Meereshöhe von 625 Metern an. Laufe auf menschenleerer Straße in das sonnenbeschienene, still vor sich hinträumende Dörfchen hinein. Treffe hier in kleiner hübscher Gartenwirtschaft gleich Niko. Die Mädchen und Pablo seien gerade weitergegangen, sagt er. Ich hole mir im Restaurant auf der andern Straßenseite ein Bier.

Nach kurzer Rast gehen auch wir weiter, jetzt durch eher flaches Gebiet mit ausgedehnten Kornfeldern, angenehmen Flurwegen und Feldsträßchen. Wir überschreiten alsbald die durch eine große Tafel angezeigte Grenze zwischen der Provinz Aragon – die wir hinter uns – und Navarra – die wir noch vor uns haben. Wir sprechen pilgernd über Gott und die Welt, unter anderem sogar auch kurz einmal über »kosmisches Bewusstsein« – zugegeben, eine etwas hohe Sphäre für uns beide – kommen aber wieder »herunter«. Ich mache bei einem riesigen, Schatten spendenden Strohballendepot, das von Weitem aussah wie ein Containerschiff, einen irdischen Verpflegungshalt. Niko geht weiter. Ich später, wieder allein auf weiter Flur, hinterher.

Fühle mich jetzt topfit. Das Wetter ist strahlend schön. Auch die Temperatur könnte für mich nicht besser sein. Komme in die Nähe von »Sangüesa«, einem kleinen Städtchen mit 4 400 Einwohnern, entstanden im 12. Jahrhundert am Pilgerweg. Etwas außerhalb geht es – unnötig zwar, wie mir scheint – noch umständlich um ein paar Ecken herum. Die gelben Pfeile, denen ich unbeirrt folge, bringen mich aber doch in den Ort, genauer gesagt, direkt in die »Calle Magdalena«.

Gehe verlangsamten Schrittes durch die Straße und komme nach etwa dreihundert Metern direkt zur Herberge. Gehe hinein, grüße und lege wie üblich meinen Pilgerpass hin. Die Herbergsleiterin schreibt mich in ihr Buch – Vorname, Name, Herkunftsland, Alter – und drückt mir den Stempel ins »Credencial«. Damit bin ich berechtigt, nach oben zu gehen und ein Bett zu belegen, zu duschen, Wäsche zu waschen – kurz, mich bis morgen früh um acht Uhr hier aufzuhalten. Die Herberge ist übrigens etwa dreißig Betten groß, sympathisch, hell und sauber. Der Obolus ist freigestellt.

Heute um vier Uhr nachmittags findet für unsere Gruppe – also Regina, Daniela, Anina, Niko, Pablo und mich – noch eine Exkursion statt. Pablo hatte die Idee und bestellte – mit etwas Mühe, wie mir schien – ein Taxi. Wir fahren also ein paar Kilometer zur mittelalterlichen Burg »Javier«. Auf der Fahrt im Minibus kündigt Pablo etwas überraschend noch an, er werde uns heute Abend eine Geschichte erzählen. Pablo spricht gerne und relativ viel. Er ist sehr belesen und versiert und alles andere als ein langweiliger Typ. Obwohl spanischer Zunge, spricht er recht gut deutsch, kommt aber dabei doch manchmal noch etwas ins Schleudern. Umso mehr bewundere ich ihn, dass er es wagt, uns »Deutschen« auf Deutsch eine Geschichte zu erzählen und dazu noch freiwillig.

Inzwischen sind wir bei der Burg Javier angekommen. Sie ist groß und imposant, jedoch total renoviert, sodass von der ursprünglichen Bausubstanz nicht mehr viel zu sehen ist. Hier wurde im Jahr 1506 also Francisco Javier geboren, der zweithöchste Jesuit neben dem Ordensgründer Ignatius von Loyola. Javier ist übrigens der Schutzheilige von Japan – und natürlich auch von Navarra. Er liege in Indien begraben.

Nach der Burg mit der interessanten Dokumentation über den Lebensweg des Heiligen besichtigen wir auch noch die danebenstehende große und sehenswerte Kirche und fahren anschließend etwa vier Kilometer weiter, zum Kloster Leyre. Dieser Konvent, an schöner, erhöhter Lage, wurde um das Jahr 1000 gegründet und war dann etwa zweihundert Jahre lang geistiges Zentrum von Navarra. Heute ist Leyre aktives Benediktinerkloster. Sehenswert sind hier vor allem die enorme romanische Krypta aus dem 11. Jahrhundert und die Kirche aus dem 11./12. Jahrhundert mit dem interessanten und mächtigen Westportal. Eine reizvolle Abweichung von der Norm ist der, bezogen auf das Kirchenschiff, nicht eingemittete, also exzentrische Altar. Um nicht einer optischen Täuschung zum Opfer zu fallen, habe ich die Situation anhand meines »Schrittmaßes« schnell nachkontrolliert – und es stimmte! Wäre interessant zu erfahren, ob die Asymmetrie seinerzeit so geplant war, oder ob sich da still und heimlich ein Messfehler eingeschlichen hatte. So oder so, mir gefällts.

Da ich meine Lesebrille nicht bei mir habe, liest mir Anina die Beschreibung des Gotteshauses während des Rundganges an meiner Seite in rührender Weise vor. Somit erlebe ich zwei Dinge gleichzeitig; faszinierendes Altertum einerseits und die Präsenz einer attraktiven jungen Frau anderseits, was mir, ehrlich gesagt, einiges an »Konzentration« abverlangt.

Zurück in Sangüesa, absolviere ich noch einen Erkundigungsgang im Städtchen. Komme zur Kirche Santa María la Real mit reicher Fassade und staunenswertem Portal aus dem 12./13. Jahrhundert. Trete ein. Es findet gerade ein Gottesdienst statt. Viele Besucher sind nicht da, immerhin aber schätzungsweise ein halbes Hundert. Ich setze mich in eine der hinteren Bänke. Die altehrwürdige Kirche ist schwach beleuchtet, ein wenig düster mit ihren grauen Säulen, Wänden und Decken aus Naturstein. Versuche mich etwas zu sammeln. Stelle wieder einmal fest, dass in Gotteshäusern, vor allem in alten, ehrwürdigen, oft eine ganz außergewöhnliche Atmosphäre herrscht. Eine Stille von fast übernatürlicher Art ...

Auf dem Heimweg zur Herberge besorge ich mir an einem Geldautomaten jetzt endlich die notwendigen Euros und im Supermarkt noch ein wenig Proviant. Man braucht immer wieder etwas! Praktisch wäre, wenn man auf dem Jakobsweg den »Treibstoff« in Pillenform zu sich nehmen könnte. Das leidige Überlegen und Einkaufen würde entfallen und der Rucksack wäre etwas leichter. Doch nur Pillen schlucken wäre auch nicht so lustig. Somit ist es wahrscheinlich doch richtig, so wie es ist, normale Kost also.

Auf dem Weg zur Herberge treffe ich noch einige bekannte Pilger, unter anderem, wie könnte es anders sein, auch Anja und Charlie. Ist immer wieder erfreulich, dem fröhlich lachenden Gesicht von Anja zu begegnen. Später in der Herberge gemeinsames, selbst zubereitetes Abendessen in unserer Gruppe. Noch später, nachdem Pablo seine verblüffende Geschichte erzählt hatte, machen wir zu viert im hohen, hell erleuchteten Aufenthaltsraum am langen Buchenholztisch noch ein Ratespiel, wobei mir mit »Picasso« zufälligerweise gleich in der ersten Runde ein »As« gelingt, was Daniela, die neben mir sitzt, ordentlich zu verblüffen scheint. Um zehn Uhr wie üblich (»obligatorisches«) Lichter löschen, Feierabend ...

Samstag, 26.05. – 7. Tag
Von **Sangüesa** nach **Monreal** – 30 Kilometer
– 20 Kilometer gelaufen, 10 Kilometer mit Taxi gefahren

Wir, die Gruppe von gestern, starten gemeinsam. Es regnet heute Morgen. Es ist empfindlich kühl. Ich muss zum ersten Mal seit Genf die Regenjacke anziehen. Nun traf ein, was mir beim Wandern am wenigsten behagt.

Wir laufen also bei Wind und Regen in lockerem Verband zuerst etwa vier Kilometer auf dem Trottoir (Bürgersteig) der Hauptstraße. Ist natürlich wegen der vorbeirauschenden Autos noch zusätzlich etwas unangenehm. Das ungemütliche Nass kommt da nicht nur von oben, sondern zugleich immer wieder auch von der Seite.

Nach einer runden Stunde kommen wir zu einem Dorf – könnte Liédena sein – und hier zu einer Straßengabelung, bei der das Weitergehen mangels gelbem Pfeil einiges Kopfzerbrechen verursacht. Auf der andern Straßenseite steht aber ein großes Restaurant. Wir huschen wie Hühner diagonal über die breite Straßenkreuzung, kehren ein und bestellen etwas Wärmendes. Eine »Ovomaltine« ist bei diesem Wetter für mich das Richtige. Das Restaurant – beliebter Treffpunkt, wie es scheint – ist schon morgens um halb neun voll besetzt, vornehmlich mit Einheimischen. Es herrscht ein lebhafter Betrieb. Wir brechen aber trotz Wärme und einer gewissen Gemütlichkeit bald wieder auf.

Inzwischen hat sich die Richtung, in die wir laufen müssen, geklärt. Paco, offenbar der Hellste unter uns (zudem ist er ja diplomierter Reiseführer), hat es herausgefunden. Das ist das Schöne in einer Gruppe, man kann auch einmal einfach mitlaufen, oder -«latschen«, wie Hape Kerkeling wohl eher sagen würde! – Es geht nun auf gut präpariertem Natursträßchen in und durch ein vier Kilometer langes, beidseits von mächtigen Felswänden und Felsköpfen eingefasstes, canyonartiges Tal. Früher, bis 1955, seien hier Schmalspurzüge gefahren. Rechts unten strömt der Fluss Irati.

Etwa zwei Stunden nach unserem Start lässt der Regen allmählich nach – was mir sehr entgegenkommt. Nach einer weiteren Dreiviertelstunde gelangen wir zu einem Tunnel. Gleich davor geht ein Fußweg zur gemäß Führer gewaltigen, einen Kilometer langen Schlucht »Foz de Lumbier« hinunter. Im Innern dieser Schlucht habe sich eine isolierte Welt voller Sing- und Greifvögel entfaltet. Sogar Geier sollen manchmal darüber kreisen – sehe im Moment aber gerade keine.

Wegen des trüben Wetters und auch weil ich heute Morgen etwas phlegmatisch bin, gehe ich nicht in die Schlucht hinunter (später habe ich es natürlich bitter bereut), sondern weiter geradeaus und in den Tunnel hinein. Alsbald wird es hier dunkel, finster und dann stockfinster. Verliere sofort die Orientierung. Ein beklemmendes Gefühl des Verlorenseins bemächtigt sich meiner. Erinnere mich nicht, je in einer solch dunklen Situation gewesen zu sein. Jetzt hilft nur noch eines, nämlich im Rucksack nach der Taschenlampe wühlen. Finde sie überraschend schnell, knipse sie an. So ist es viel besser. Bin wieder irgendwo, nicht mehr verloren im schwarzen Nichts.

Dass es in der Mitte eines dreihundert Meter langen Tunnels derart stockdunkel sein soll, ist überraschend und könnte, falls man es jemandem erzählt, bezweifelt werden. Wenn man aber weiß, dass der Tunnel leicht gebogen ist und dazu noch von kleinem Querschnitt, wird die Sache glaubwürdiger. Es zeigte sich aber schon kurz darauf wieder Licht, das berühmte, für diesmal reale Licht am Ende des Tunnels.

Nun öffnet sich auch das Tal und geht allmählich in eher flache Topografie über. Auf guten Feldwegen laufen wir etwa eine Stunde vorwiegend durch Getreideanbaugebiet. Der Himmel ist bewölkt und grau. Daniela, die neben mir geht, immer noch mit schmerzhaften Blasen an den Füßen, berichtet mir über die bemerkenswerte Geschichte einer Frau, die in Australien längere Zeit unter fürchterlichen Strapazen zusammen mit Eingeborenen durch Wüsten und Steppen zog und nachher in einem Buch darüber berichtete. Daniela scheint zum Glück ein wenig von dieser Heldin inspiriert zu sein, beißt sie doch immer noch auf die Zähne und geht weiter, ohne zu klagen. Bewundere sie! Ich glaube, ich hätte damit mehr Mühe. Gott sei Dank sind meine Füße in exzellentem Zustand, bis jetzt jedenfalls!

Nach insgesamt etwa vierstündigem gemeinsamem Wandern kommen wir zu einem Dörfchen, kann es jedoch im Moment in meinen Unterlagen irgendwie nicht näher identifizieren. Wir machen beim ersten Haus auf dessen Privatparkplatz Rast. Jeder sucht sich ein ihm passendendes Plätzchen. Ich auf einem Mäuerchen an der Hausfassade, einige lassen sich unkompliziert auf dem rohen Asphalt nieder. Wir picknicken bei immer noch ungemütlicher Temperatur und verhangenem Himmel. Ich glaube, der Wetterumschlag und der Regen haben mir schon leicht zugesetzt. Mein Appetit ist jedenfalls ein wenig beschädigt und auch sonst ist die Stimmung bei mir nicht mehr die beste, wie zum Beispiel noch gestern. Nehme aber trotzdem gerne die mir von Anina angebotene, zum Wetter passende warme Suppe. Die jungen Frauen haben übrigens einen Spirituskocher bei sich. Bewundere sie ein wenig. Ich wüsste nicht, wie ich den auch noch im Rucksack verstauen sollte, habe ich doch so darin manchmal schon erhebliche Platznot und unangenehme Verwicklungen.

Ich biete zum Dessert noch getrocknete Bananen an. Niemand kennt hier jedoch getrocknete Bananen. Alle schauen mich ein wenig skeptisch an. Erstaunt mich, gibt es sie doch schon seit eh und je – aber vielleicht eher nur in der Schweiz – (obschon diese ja auch nicht gerade eine »Bananenrepublik« ist). Die Frucht kommt schlussendlich doch noch recht gut an.

Da wir nun mit Rasten ganz klar niemals nach Santiago de Compostela gelangen, entschließen wir einmütig, weiterzulaufen, Monreal, unserem Etappenziel zu. Es geht jetzt hier durch eine nicht allzu reizvolle Gegend mit Wiesen, Gestrüpp und manchmal etwas Wald. Irgendwann einmal verliert sich der Weg völlig. Da es aber diesen Hang hinaufgehen muss, strebt man unter Mithilfe der Intuition im Rudel etwa vierhundert Meter durch Gras und Büsche aufwärts. Weiter oben findet sich, wie geahnt, wieder ein Pfad. Damit fühlt es sich wesentlich besser und sicherer an, als aufs Geratewohl querfeldein. (War übrigens das einzige Mal, dass uns/mir der Weg ganz abhandenkam.) Etwas später kommen wir zum 724 Meter hohen Puerto Olaz Loiti-Pass. Außer einer Orientierungstafel des örtlichen Jakobsweges und einer im Moment öde daliegenden Hauptstraße gibt es hier oben jedoch nichts – des trüben Wetters wegen auch keine nennenswerte Fernsicht.

Wir gehen weiter. In meinem Originaltagebuch steht nun leider über die noch ungefähr fünf Kilometer lange Strecke bis Izco nichts und in meinem Gedächtnis ist gerade hier auch wieder einmal eine peinliche Lücke vorhanden. Nun, über irgendwelche Wege müssen wir nach Izco, wo wir uns jetzt gerade befinden, gekommen sein. Hier sind wir froh, uns nach einem, besonders für Daniela und mich, eher schwierigen Zwanzigkilometermarsch in der Herberge etwas wärmen und verpflegen zu können.

Ich friere, bin übermüdet. Das kalte Wetter zerrte an mir und meinen Kräften. Zudem nehme ich an, war das Tempo, das ich mit den jungen Leuten gelaufen bin, für mich ein wenig zu schnell. Und wenn ich mir vorstelle, jetzt nochmals zehn Kilometer bis Monreal wandern zu müssen – und es ist ja nicht einfach nur wandern, auch der Rucksack will mitkommen – weiß ich, dass ich mich damit klar überfordern würde.

Denke an ein Taxi. Es ist noch eine Pilgerin da, die die gleiche Absicht bekundet, und auch Anina sagt, sie würde mitfahren – ob aus Solidarität oder ebenfalls wegen des Kräfte-Haushaltes, weiß ich nicht, würde aber aufgrund ihrer liebenswürdigen und fürsorglichen Art eher auf Ersteres tippen. Wir drei überwinden also nach der einstündigen Rast in der Herberge die letzten zehn Kilometer bis Monreal per großem altem Jeep. Die andern laufen stur weiter, wie es sich für ordentliche Santiagopilger gehört!

In Monreal angekommen, fahren wir durch die schmale, etwas düster und leer wirkende Hauptstraße Calle del Burgos. Monreal ist kein großes Dorf, hat aber mit den zusammengebauten Häusern auf den ersten Blick einen etwas städtischen Charakter. Der Taxichauffeur zeigt im Vorbeifahren noch auf den Lebensmittelladen linker Hand und nach hundert Metern hält er vor der Herberge und kassiert seinen Fuhrlohn. Zu Fuß wäre billiger und auch umweltfreundlicher gewesen. Aber eben, wer nicht laufen will, muss zahlen!

Hier nun, in guter Herberge, begebe ich mich nach dem Duschen zuerst einmal in den Schlafsack und nach angemessenem Schlummer ein wenig erholt zum Einkaufen in den empfohlenen Lebensmittelladen. Er ist geschlossen. Ich läute. Ein älterer, distinguiert wirkender Herr macht schließlich auf. Er scheint der Besitzer persönlich zu sein. Sehe mich ein wenig im Laden um. Merke bald, dass der Mann leicht ungeduldig wirkt. Warum führt er bloß einen Lebensmittelladen, wenn er keine Lust hat, zu verkaufen – abends um sechs, zur besten Geschäftszeit? Ist doch jetzt nicht Siesta! Aber – andere Länder, andere Sitten!

Ich bekomme dann schließlich doch, was ich brauche. Verlasse das Geschäft. Bringe das Gekaufte in die Herberge, verlasse diese aber gleich nochmals zu einem Spaziergang in der näheren Umgebung. Das Wetter ist immer noch grau und kühl – novemberhaft! Die Straßen und Gassen sind menschenleer, wie ausgestorben scheint dieses Dorf. Umso mehr prägt sich mir das Bild des interessanten und schönen Dorfzentrums mit den Steinhäusern, alten Gassen und dem respektablen, rustikal gepflasterten Dorfplatz ein.

Zurück in der Herberge nun Abendverpflegung. Es sind wenige Pilger da. Außer unserer Gruppe nur drei vier Leute. Drei davon sitzen an einem langen Tisch bei einem, so macht es den Anschein, geradezu opulenten Mahl.

Wie man mir noch sagt, hat Pablo hier in Monreal – für mich überraschend – seinen Teil-Jakobsweg schon beendet und ist direkt nach Madrid, wo er wohnt, gefahren. So plötzlich, wie er in Arrés als Dolmetscher in der Kirche auftauchte, so verschwand er hier in Monreal wieder. Er war ein geselliger, eindrücklicher Pilger.

Gemäß Führer hätte heute von Sangüesa bis Izco übrigens noch ein anderer Weg zur Auswahl gestanden. Ein neu angelegter, vollkommen einsamer Wanderweg soll es sein, der über den Pass Alto de Aibar führt. Hier wäre man am Franziskus-Brunnen vorbeigekommen, an dem eine Tafel angebe, dass Franz von Assisi nach Santiago pilgerte und da in Rocaforte das erste Franziskaner-Kloster gründete.

Sonntag, 27.05. – 8. Tag
Von **Monreal** nach **Obanos** – 30 Kilometer

Ich packe meinen Rucksack, schaue nach, ob nichts liegen blieb. Alles in Ordnung! Verlasse die Herberge nach belebender Tasse Kaffee. Wiederum auf der Calle de Burgos, durch die wir gestern von Osten mit dem Jeep hereinfuhren, geht es heute Richtung Westen zu Fuß hinaus. Am Dorfausgang zeigt ein gelber Pfeil nach halb links. Diese gelben Pfeile sind mir inzwischen richtig sympathisch geworden, weil sie – wenigstens jeweils für eine gewisse Zeit – das gute Gefühl geben, auf dem richtigen Weg zu sein. Vor mir liegt nun eine weite, offene Landschaft. Diese Gegend, so weit man sieht, gilt es heute zu durchwandern, was jedoch kein Problem darstellt, habe ich mich doch zum Glück über Nacht wieder fast ganz von der gestrigen Überanstrengung und mittleren »Erfrierung« erholt. (Bin scheinbar schon eher auf karibisches Klima eingestellt). Und das Wetter ist auch wieder sonnig und warm, also beste Bedingungen für eine angenehme, erfolgreiche Etappe.

Es geht jetzt einige Kilometer auf schönem Wanderweg einer Bergflanke entlang immer leicht auf und ab, durch niedrigen Pflanzenwuchs und viel Gestein. Hundert Meter vor mir läuft die sympathische Anina aus Tirol. Ich schätze ihr Alter auf etwa sechsundzwanzig Jahre. Sie ist blond, hübsch und hat, wie sie mir erzählte, gerade ein Pädagogikstudium abgeschlossen. Sie setzt sich oberhalb des Weges auf einen Felsvorsprung und wartet nun anscheinend auf ihre Kolleginnen. Im Vorübergehn ein gegenseitiges Lächeln und der »obligatorische« Gruß »Buen camino«. Muss sie das nächste Mal einladen, wieder ein Stück gemeinsam zu gehen!

Im Moment behagt es mir aber – allein mit Weg und Natur, in strahlendem Sonnenschein. Übrigens, anfänglich, in der Vorbereitungsphase, dachte ich, den Jakobsweg zu zweit zu gehen, zog aber auch in Betracht, ihn allein zu machen, falls sich niemand finden ließe, der zu mir passen und mich begleiten würde. An und für sich wäre meine Schwester Trudy eine heiße Anwärterin gewesen, doch war es ihr dann aus familiären Gründen nicht möglich. Nun bin ich froh, dass sich niemand fand, denn ich sehe den Alleingang je länger je klarer als das genau Richtige für mich. Ein Jakobsweg zu zweit jedoch wäre wahrscheinlich ganz anders verlaufen.

Nach etwa einer Stunde führt der Weg nun ein Stück weit der Autobahn entlang. Der hektische Lärm stört ganz erheblich. Was haben wir uns da bloss eingebrockt, mit all diesen »schrecklichen« Autobahnen! – Umso angenehmer ist es, als sich die ungleichen Wege nach einer halben Stunde wieder trennen. Rechts, etwa zwanzig Kilometer entfernt, ist inzwischen eine ziemlich große Stadt ins Bild gekommen. Es muss Pamplona sein, und ist es auch (da, wo die Stiere gelegentlich durch die Straßen rennen). Pilger, die von Saint-Jean-Pied-de-Port den navarresischen Weg gehen, kommen jeweils durch Pamplona, bevor sie in Obanos mit den Pilgern der aragonesischen Route (unserer) zusammentreffen. Von da geht es dann auf dem Hauptweg, dem »Camino Francés« nach Santiago.

Ich komme vor Tiebas noch beim Dörfchen Yarnos mit dem mächtigen, frühmittelalterlichen Wehrturm, sowie oberhalb dem Dörfchen Otano vorbei. Im Moment laufe ich jetzt aber auf der Hauptstraße durch Tiebas. Tiebas scheint ein ruhiger, sympathischer Ort zu sein. Auf dem großen Dorfplatz sehe ich aus einiger Distanz Anja und Charlie auf einem Mäuerchen sitzen. Gehe zu ihnen hin. Anja fehlt heute das übliche Lächeln, sie verzieht vielmehr ein wenig ihr Gesicht. Sie hat Blasenprobleme, die Arme . Ich verrate ihr kurz das von mir angewandte einfache Verhütungsrezept, das da lautet: Füße mit Vaselin einsalben, dann zuerst ganz dünne Socken und darüber Trekkingsocken anziehen.

Die dünnen Socken kaufte ich übrigens noch schnell am letzten Tag vor meiner zweiten Abreise in Schaffhausen und bin nun froh um sie. Ich ging übrigens dort im Kaufhaus in die Damenabteilung und fragte nach Nylonsocken. Die Verkäuferin schaute mich etwas besorgt an und wollte mich so schnell wie möglich in die Herrenabteilung »manövrieren«. Als ich ihr den Bedarf aber näher erläuterte, hatte sie ein Einsehen und bediente mich trotz ihrer anfänglichen Blockade doch noch.

Mit dem oben erwähnten Rezept bin ich bis jetzt sehr gut gefahren, beziehungsweise gelaufen, kenne Blasen zum Glück nur vom Hörensagen. Im Vorfeld hatte ich allerdings großen Respekt vor den Peinigern auf dem Jakobsweg. Habe alle möglichen empfohlenen Mittel, zum Beispiel Nadel und Faden zum Aufstechen und Entwässern sowie Blasenpflaster, eingepackt, die ich aber, wie es scheint, zum Glück gar nicht brauche.

Ich überlasse Anja, so leid sie mir tut, mit ihren Blasen und Schmerzen wieder Charlie und dem Schicksal und gehe weiter durch ruhiges, jetzt eher ebenes Gebiet. Komme am Dörfchen Campanas vorbei und hier auf eine kleine Landstraße, der ich folge, gemäß letztem Pfeil folgen muss – oder darf. Sehe mich bald nach einem geeigneten Picknickplatz um, finde aber nichts Passendes. Da hier Einsamkeit herrscht – seit Langem kam niemand des Weges, weder zu Fuß noch zu »Ross« – lasse ich mich gleich auf dem Asphalt des Sträßchens nieder (gestern meinen Mitpilgern abgeschaut) und halte Mittagsrast.

Was das Wetter betrifft, scheint sich nun etwas anzubahnen. Der Himmel hat sich inzwischen bewölkt und ab und zu machen sich auffrischende Winde bemerkbar. Ich gehe weiter. Komme zum Ort Biurrun und gehe daran vorbei. Laufe immer noch allein. Weder hole ich jemanden ein, noch überholt man mich, noch kommt jemand aus der Gegenrichtung. Fast könnte man meinen, ich hätte mich wieder einmal verlaufen. Aufgrund der immer schön regelmäßig auftauchenden Pfeile ist diese Möglichkeit glücklicherweise jedoch auszuschließen.

Ungefähr beim Dörfchen Ucar wird die Landschaft nun etwas kahl und eintönig. Solange es aber nicht regnet, ist mir alles recht. – Es geht hier nun längere Zeit auf schmalem, rauem Weg einen lang gestreckten Hügelzug mäßig abwärts. Der Himmel wird dunkler und dunkler, und es scheint, dass der gefürchtete Regen nicht mehr lange auf sich warten lässt. Passiere das Dorf Enériz. Beschleunige meine Schritte. Jetzt ist es soweit. Es regnet. Stärker und stärker. Der Regen peitscht mir ins Gesicht. Westwind bläst mir entgegen und leistet Widerstand. Ich bin etwas verdrossen, gehe aber weiter, beziehungsweise muss weitergehen, denn die nächste Herberge steht in Obanos, noch einige Kilometer von hier entfernt. Nun ist Laufen kein Vergnügen mehr, sondern sehr unangenehme Pflicht.

Auf nassen aber kompakten Feldstraßen und Wanderwegen geht es weiter. Hier fallen beidseits des Weges noch kilometerweit aufwendige landwirtschaftliche Bewässerungsanlagen auf, mag mich jedoch zurzeit nicht weiter damit befassen, habe im Moment gerade genug Wasser – von oben.

Komme zur berühmten Kirche Eunate, die abgelegen, mitten im »Feld« steht. Ihr Stil ist romanisch, ihre Form achteckig und ihr Alter beträchtlich. Sie wirkt harmonisch und geschichtsträchtig. Über ihren Ursprung weiß man nichts Genaues, nimmt aber an, insbesondere aufgrund ihrer achteckigen Form, dass es sich um eine Templerkapelle handelt. Gemäß Führer ist die Besichtigung dieser etwas geheimnisvollen Kirche ein Muss. Ich gehe also um sie herum, dann hinein. Drinnen ist es düster. Deshalb, und weil meine Aufnahmefähigkeit infolge der heutigen Strapaze und des Regens und tiefer Temperatur etwas reduziert ist, verlasse ich sie relativ schnell wieder und gehe meines Weges. Doch nicht, ohne mich wenigstens aus einiger Distanz nochmals umzudrehen, um mich noch eines letzten Eindrucks dieses außergewöhnlichen Gotteshauses zu bemächtigen.

Weiter durch Regen und Wind komme ich nach einer halben Stunde zu einer extremen Steigung, überwinde sie missmutig und bin in Obanos. Folge den Pfeilen und komme nach fünf Minuten zum großen, neu ausgebauten Hauptplatz, wo sich auch gleich die Herberge, das jeweils wichtigste Objekt am Etappenziel – besonders bei Regen – befindet. Sie sieht von außen sehr gediegen aus. Gehe hinein. Im Entree steht ein vielleicht fünfzigjähriger, unscheinbarer und etwas biederer Mann. Grüße ihn und frage, ob er zufälligerweise der Chef sei. Er bejaht es. Außer unscheinbar wirkt der Mann auch noch ein wenig sonderbar, wortkarg, ja fast argwöhnisch.

Er bittet mich als Erstes – etwas pedantisch, wie mir scheint – die Schuhe auszuziehen (wieder einmal!), die tropfende Regenjacke an einen Bügel zu hängen und sie mit einer Stange auf eine hoch oben angebrachte Aufhängevorrichtung zubefördern. Ich folge seinen Anweisungen, wie es sich für einen »demütigen« Pilger geziemt. Nun schreibt er mich ein, führt mich in den Schlafsaal und weist mir ein Bett zu. Der Schlafsaal ist ziemlich groß, gemäß Führer 36 Betten, mir scheinen es mehr. Obwohl schon viele Leute da sind, ist es außergewöhnlich still, fast unheilvoll still. Einige liegen ruhend auf ihren Betten, andere sind mit »sich installieren« beschäftigt. Ab und zu geht einer an mir vorbei, kaum jemand grüßt. Die Atmosphäre dünkt mich kalt, abweisend, unfreundlich – wie das Wetter draußen. Nach dem Einrichten und Duschen lege ich mich ebenfalls aufs Bett, jedoch, um meiner Selbstbestimmung ein wenig Genüge zu tun, nicht auf das mir zugewiesene.

So daliegend versuche ich wie üblich, ein wenig zu schlafen. Daran ist aber heute nicht zu denken, denn in meinem Gemüt hat sich etwas Ernsthaftes zusammengebraut. War es schon gestern infolge Regens und Kälte ein eher unangenehmer Tag, der mir die Freude am Pilgern etwas raubte, wird mir der Jakobsweg jetzt vollends fragwürdig (nach wiederum zwei Stunden Regen, Wind und Kälte und der Situation, die ich hier in Obanos ange-

troffen habe – triste Herbergsatmosphäre, eigenartiger Herbergsleiter und die vielen stummen Pilger). Ehrlich gesagt, es behagt
mir überhaupt nicht mehr! An die Decke starrend frage ich mich:
Will ich das wirklich noch – als bald Siebzigjähriger – noch einen
Monat lang diese Anstrengung (die 30 Kilometer schienen mir
heute unendlich lange), das kalte, scheußliche Regenwetter, das
Schlafen in abweisenden Schlafsälen, das Leben aus dem Rucksack? Ich beantworte mir die Frage mit einem klaren »Nein«.
Gehe besser gleich von Pamplona über Saint-Jean-Pied-de-Port
wieder nach Hause, waerme mich im sonnigen Puerto Plata
und spiele ein wenig Golf. Erhebe dies zum unumstößlichen
Beschluss. Muss es dann meinen Mitpilgern erklären, auch wenn
ich es nicht gerne tue. Ob sie mich wohl als Weichling abstem-
peln werden?

Etwas später erhebe ich mich von meinem Lager und mache
noch Inventur in meinem »Brotsack«. Ja, Brot ist es just, was
fehlt. Wo bekommt man nun hier am späten Sonntagnachmittag
Brot? Ich frage den Herbergsleiter. Er beschreibt mir, jetzt beinahe schon freundlich (warum bloß?), den Weg zur Bar, wo Brot
zu haben ist. Ziehe meine Crocs und die Vliesjacke an und trete
in den kalten spanischen Mai-Abend hinaus. Auf neuen, komfortabel gepflasterten Straßen finde ich die Bar schnell. Diese,
eigentlich mehr Restaurant als Bar (hier sagt man jedoch Bar),
ist ebenfalls neu, dazu jetzt von Abendsonnenlicht durchflutet
und freundlich und warm und es herrscht eine angenehme, fast
familiäre Stimmung. Bin sonst Wirtshäusern nicht besonders
zugeneigt, hier jedoch würde ich es auch noch aushalten!

Das Restaurant ist bis auf den letzten Platz gefüllt und sogar
mehr, denn über ein Dutzend Männer stehen noch an der Bar.
Es wird munter durcheinander diskutiert. Der Blick der meisten ist aber auf etwas Spezifisches gerichtet, den Fernsehap-
parat nämlich. Ein Fußballspiel der spanischen Meisterschaft
wird übertragen. Daran erfreut sich in Spanien scheinbar, wie
ja auch anderswo, Jung und Alt. Mich interessiert die spanische

Meisterschaft jedoch weniger. Wende mich deshalb der älteren Frau hinter der Theke zu und frage nach Brot. Sie macht einen sehr herzlichen, ja geradezu gütigen Eindruck und bedient mich außerordentlich freundlich – tut richtig gut, nach der gerade überstandenen Herbergssituation! Am Ende rundet sie mir sogar noch den Betrag ab. Wie unterschiedlich doch Menschen sind!

Zurück in der Herberge berichtet mir Anina, sie seien spät eingetroffen, hätten sich verlaufen. Oh, wie gut, nicht der einzige Mensch zu sein, der sich gelegentlich verläuft! Nun steht noch gemeinsames Essen in der Küche an. Das Brot, das ich soeben in der Bar bekommen habe, ist fantastisch, habe nie ein besseres Weißbrot gegessen. Wie machen die das bloß? Wenn ich an das Brot denke, das man zum Beispiel in der DomRep normalerweise bekommt, müsste dieses hier geradezu den Nobelpreis bekommen!

Informiere nun Niko und die drei österreichischen Schönen noch über meinen einsamen Entschluss, morgen via Pamplona und Saint-Jean-Pied-de-Port nach Hause zu gehen. Die Mitteilung schlägt nicht gerade wie eine Bombe ein, doch machen alle immerhin recht lange, erstaunte Gesichter. Niemand hätte an so was gedacht. Aber so ist das Leben, man ist nie vor Überraschungen sicher.

Zu Obanos ist noch zu sagen, dass es ein sehr fortschrittliches Dorf zu sein scheint, mit einem großzügig neu gestalteten Dorfzentrum, auf dessen Hauptplatz alle zwei Jahre (die Jahre mit gerader Jahreszahl) jeweils gegen Ende Juli das Singspiel »Misterio de San Guillén y Santa Felicia«, das einzige noch existierende Singspiel Spaniens, aufgeführt wird. Mehrere Hundert Schauspieler seien daran beteiligt. Das Spiel geht auf eine Überlieferung zurück, nach der Guillen, der Graf von Aquitanien, seine Schwester im Zorn erstach, weil sie auf dem Rückweg von der Pilgerfahrt nach Santiago nicht mehr an den Fürstenhof zurückkehrte, sondern ihr Leben den Armen und Kranken widmete. Über seine eigene Untat entsetzt, pilgerte der Schwestermörder ebenfalls nach Santiago und lebte anschließend als Büßer und Einsiedler in der Kapelle auf der Anhöhe von Arnotegui bei Obanos. Soviel zum Kulturellen/Geschichtlichen.

Montag, 28.05. – 9. Tag
Von **Obanos** nach **Pamplona** – 23 Kilometer

Renate malte mir zum Abschied ein kleines, huebsches Aquarell mit einem leuchtenden Regenbogen. Auf der Rückseite herzliche Worte und signiert von allen. Eine nette Überraschung – freut mich! Wir verabschieden uns. Es kommt da und dort etwas Wehmut auf, besonders, wie mir scheint, bei Niko, waren wir doch acht Tage mehr oder weniger gemeinsam unterwegs. Vielleicht ist er auch ein wenig enttäuscht von mir – als einem Deserteur. Auch Aninas Blick scheint leicht getrübt ... Nun, sie koennen sich damit troesten, zusammenzubleiben, wenn sie wollen – ich allein muss gehen.

Begebe mich also auf den »Heimweg«. Über die navarresische Route, jedoch in umgekehrter Richtung. Ich laufe jetzt nicht mehr wie es die gelben Pfeile weisen, sondern »rebellisch« in die Gegenrichtung. Ist ein wenig schwieriger so, dünkt mich! Gehe mit gemischten Gefühlen. Einerseits befriedigt mich das »Aufgeben« nicht ganz, andererseits ist das Wetter heute Morgen wieder miserabel – Regen, Wind, Kälte! Kann den Rucksackgürtel mit meinen vor Kälte klammen Fingern kaum öffnen! Somit war meine Entscheidung, den Heimweg anzutreten, doch richtig. Die Idee (Illusion!) war ja ursprünglich auch, bei schönem Wetter durch Spanien zu wandern und keineswegs auf diese Weise – und dazu noch frieren! Auch der Weg selbst ist heute über weite Strecken bedenklich schlecht. Kilometerweit durch schuhtiefen Schlamm und Morast. Kann diesen Bedingungen nichts Positives abgewinnen. Hoffe nur, dass es nicht bis Pamplona so weitergeht.

Nun, bei all dem, etwas Positives ist doch noch aufgetaucht – und zwar am Himmel. Seit fast einer Stunde steht im Westen,

Richtung Santiago, ein großer, schöner Regenbogen. Zeitweise sind es sogar zwei übereinander, was ich bis jetzt so noch nie gesehen habe. Frage mich, was sollen die Regenbögen? Die Regenbögen am Himmel – wie ein riesiges Tor nach Compostela kommen sie mir vor – und der Regenbogen auf dem Aquarell von Renate ... welch eigenartiges Zusammenfallen!

Weiter geht's! Zuerst leicht ansteigend, dann sehr steil hinauf auf steinigem, teilweise grob geschottertem Weg zum Pass Puerto del Perdón. Puerto del Perdón – Pass der Vergebung? Seltsam! Wird mir etwa hier schon vergeben, dass ich den Jakobsweg nicht treu bis Santiago gegangen bin – ich hoffe es!

Was hier oben besonders auffällt, ist ein Windpark. Vielleicht zwei Dutzend gigantische weiße Windräder, zur Stromerzeugung. Zwischen Sangüesa und Izco sind wir schon einmal an einer solchen Anlage vorbeigekommen, jedoch aus größerer Distanz. Diese Windparks sind aus ökologischer Sicht ja wahrscheinlich perfekt, dem Landschaftsbild aber nicht gerade zuträglich, wenigstens für meinen Geschmack. Dumm ist, dass man die weißen Riesen auf Höhenzüge mit viel Wind stellen muss, also genau dorthin, wo man sie am besten und weithin sieht. Doch Ökologie hat Vorrang, das ist klar, und zugegeben, eleganter als Gitterstrommasten, die ja auch überall auf der Welt in der Landschaft stehen, sind sie allemal auch noch.

Nun geht es den Pass wieder hinunter. Es kommen mir laufend viele Pilger entgegen, nicht wenige mit Fahrrädern. Zum Teil schieben, zum Teil tragen sie sie, denn der Weg ist hier bei diesem Wetter alles andere als fahrradtauglich. Und alle gehen sie Richtung Santiago. Zum Glück ächtet mich keiner, sondern alle, oder die meisten, grüßen gut gelaunt und freundlich. Es sind auch viele ältere Leute dabei und unter diesen ab und zu übergewichtige Frauen, bei denen ich staune, dass sie sich solchen Strapazen aussetzen. Leid tun sie mir alle, müssen sie doch noch circa 750 Kilometer erleiden, ich nur noch deren 75. – Frage eine entgegenkommende recht apart aussehende jüngere

Pilgerin, ob sie denn unter diesen Bedingungen noch Lust auf Santiago habe. Frohgemut meint sie: »Ja doch – da ich mich nun mal dafür entschieden habe!« Bin beeindruckt von dieser gelassenen und konsequenten Antwort (die so ganz und gar nicht zu meiner passt) und, zugegeben, auch von der Urheberin.

Inzwischen hat der Regen nachgelassen. Ich komme bei Cizur Menor vorbei, einem Vorort von Pamplona. Hier gibt es laut Führer zwei gute Herbergen. Weiter auf der Landstraße gelange ich in die Außenbezirke von Pamplona, komme beim Bezirksspital vorbei, nähere mich der Altstadt und komme dort durch verwinkelte Gassen zur Herberge. Sie ist groß, etwas älteren Jahrgangs, aber gut, mit einer für diesmal sympathischen Atmosphäre. Eine ältere Herbergsleiterin heißt mich familiärfreundlich willkommen.

Nachdem ich mich einquartiert habe, fahre ich mit dem Bus gleich noch schnell zum Bahnhof, bekomme da jedoch nur dürftige Auskunft bezüglich meiner beabsichtigten Bahnrückfahrt von Saint-Jean nach Zürich. Der nicht gerade kundenfreundliche Beamte hatte sichtlich Mühe und brauchte sehr lange, bis er endlich eine Verbindung herausbekam. Wenn ich bedenke, wie effizient und freundlich es bei den SBB in der Schweiz zugeht, ist das hier fast noch tiefes Mittelalter! Allerdings darf dabei nicht übersehen werden, dass die Schweizer wohl einen vorbildlichen Service bieten, aber eben auch horrende Fahrpreise.

Ich begebe mich mit Taxi zurück in die Herberge. Unterhalte mich da ein wenig mit vier jüngeren Männern aus Gran Canaria, die inzwischen noch eingetroffen sind und mit mir den Sechserschlafraum teilen wollen/sollen. Wir stellen übrigens unter anderem fest, dass wir zum Jakobsweg fast gleich weit vom Süden her angereist sind, nämlich etwa vom 20./30. Breitengrad aus. Die Kanarischen Inseln und die Dominikanische Republik liegen also auf der ungefähr gleichen nördlichen Breite. Die vier Canarios wollen nun Pamplona noch etwas näher kennenlernen. Ich gehe ebenfalls auf einen Spaziergang in die alten Gassen der näheren Umgebung.

Pamplona ist eine moderne Stadt mit 166.000 Einwohnern. Sie wurde, wie es heißt, wahrscheinlich vom römischen Kaiser Pompeius gegründet und war vom 9. bis 15. Jahrhundert Hauptort des Königreichs Navarra. Sehenswert ist die gotische Kathedrale aus dem 15. Jahrhundert und darin besonders der Alabastersarg König Karl III. von Navarra. Bekannt wurde Pamplona unter anderem auch durch Ernest Hemingway, dem großen Liebhaber von Stierkämpfen (!) und der Stierläufe durch die Straßen dieser Stadt.

Zurück in der Herberge rufe ich noch meine Tochter Alexandra an und teile ihr mit, dass ich vielleicht schon bald wieder nach Hause kommen werde. Sie empfiehlt mir aber postwendend, doch wenn möglich weiterzumachen. Dies, die »Regenbögen«, ein zufällig aufgeschnappter Ratschlag, den der Hospitalero (inzwischen ist ein älterer, väterlich freundlicher Herr da) einer Pilgerin gab (der da lautet: »Sich nie am Abend entscheiden aufzugeben und dann am Morgen einfach weiterlaufen!«) sowie das Wetter, das im Westen, also Richtung Santiago, eine bessere Prognose aufweist, und letztendlich noch die Aufschrift »No Pain No Glory«, die Pablo auf seinem schwarzen T-Shirt trug, veranlasst mich, auf meinen Entscheid zurückzukommen. Und im Laufe des Abends reift in mir der wiederum unumstößliche Entschluss, morgen früh nicht gen Schaffhausen, sondern wieder Richtung Compostela aufzubrechen ...

Dienstag, 29.05. – 10. Tag
Von **Pamplona** nach **Sansol** – 52 Kilometer
– davon 30 Kilometer mit Bus und 22 Kilometer zu Fuß

Im Bankenviertel von Pamplona versuche ich am Morgen bei drei größeren Banken endlich meine US-Dollars zu wechseln. Nein, sie wechseln keine Dollars, heißt es. Eine vierte Bank ist dann bereit, jedoch wechselt sie maximal dreihundert Dollar. Der Angestellte operiert langsam und umständlich, zudem will er eine Kopie meines Passes machen. Sieht er denn meinen Pilgerrucksack nicht?! Das Ganze dauert sehr lange. Fast macht es den Eindruck, als wüssten sie hier gar nicht so recht, was US-Dollars sind. Es erstaunt mich ein wenig, dies in einer Metropole wie Pamplona vorzufinden. Aber halt, wir sind hier natürlich im Euro-Raum und nicht in dem des Dollars, das mag der Grund sein. Zudem befürchtete der Herr natürlich Falschgeld ...

Begegne anschließend in der Stadt nochmals den vier kanarischen Bettnachbarn. Wir verabschieden uns mit »Buen camino y hasta la vista« (zu Letzterem, dem Wiedersehen, kam es dann nicht mehr). Gehe nun zum Busbahnhof und löse eine Fahrkarte nach Villamayor de Monjardin. Streng genommen dürfte ich – gemäß meinem eigenen Moralkodex – nur die Distanz von Obanos nach Pamplona, die ich gestern gelaufen bin, fahren, also 23 Kilometer, nicht deren 30. Da ich meine Reisekrankenversicherung aber etwas unvorsichtig nur bis zum 25.06. abgeschlossen habe, was eindeutig zu knapp ist, fühle ich mich unter einem gewissen Druck, bis zu diesem Zeitpunkt dann wenigstens in Santiago zu sein. Rechne mir aus, wenn ich ab und zu ein Stück mit dem Bus fahre, kann ich dieses Datum einhalten.

So erlaube ich mir heute also, wie gesagt, bequem nach Villamayor de Monjardin zu fahren. Vielleicht kompensieren sich die sieben Kilometer ja einmal auf die eine oder andere Weise. Wegen dieser Fahrt habe ich jedoch zum Beispiel einen der bekanntesten Orte auf dem Jakobsweg nicht gesehen, nämlich Puente la Reina, das wir links liegen ließen. Wie gesagt, dort – beziehungsweise schon in Obanos, wo ich gestern war – vereinigen sich der aragonesische und der navarresische Weg. – In Puente la Reina ließ übrigens die Königin von Navarra schon im 11. Jahrhundert eine Brücke über den Fluss Arga bauen, um den Pilgern den Weg zu erleichtern. Über dieselbe Brücke geht man wohl heute noch, scheint mir, wenn ich das Foto in meinem

Führer betrachte. Die heutige Durchgangsstraße durch Puente la Reina soll ebenfalls noch identisch sein mit der mittelalterlichen Pilgerstraße, der »sirga peregrinal«. Dies zu Puente la Reina.

Nach dreiviertelstündiger Fahrt auf modernen Straßen hält nun der Bus etwas außerhalb von Villamayor am Straßenrand an und der Chauffeur sagt, hier müsse ich aussteigen. Ich bedanke mich, ziehe den Rucksack aus dem Kofferraum und laufe mit älterem, etwas wirrem Männlein die Straße nach dem leicht erhöhten anmutig wirkenden Dorf hinauf, wo ich irgendwo auf die Route des Jakobsweges kommen sollte. Männlein redet auf mich ein, ich verstehe einige Worte, jedoch nichts Zusammenhängendes. Deshalb kommt es mir nicht ungelegen, nach wenigen Hundert Metern vor Villamayor gleich auf den Jakobsweg zu stoßen. Biege also hier links ab und schon bin ich wieder auf dem »rechten Weg«.

Ist es Zufall, ist es das Schicksal oder vielleicht gar der Schutzengel, der mich hierher zurück gelenkt hat? Nun, den Zufall soll es nicht geben und der Schutzengel arbeite für das Schicksal ... Somit kann es nur ein gütiges Schicksal gewesen sein, das Alexandra am Telefon die richtigen Worte sprechen ließ, das Renate veranlasste, mir den schönen Regenbogen zu malen, das dann gleich selbst noch zwei wirkliche an den Himmel zauberte, das den Herbergsvater in Pamplona einer Pilgerin den weisen Ratschlag geben ließ, sich nie am Abend zu entscheiden aufzugeben und am Morgen einfach weiterzulaufen, und das zu guter Letzt noch in Richtung Santiago günstigeres Wetter »organisierte« als in Richtung Saint-Jean. Manchmal muss das Schicksal also recht viel tun, um einen Abtrünnigen wieder in die richtige Bahn zu lenken!

Kurz vor Villamayor de Monjardin verabschiede ich mich also von meinem Weggefährten und laufe auf schöner Feldstraße wohlgemut durch ziemlich ebene Ackerbaulandschaft Richtung Santiago – als ob es den Fall »Obanos – Pamplona« nie gegeben hätte! Das Wetter ist auch, wie vorausgesagt, wieder gut und trägt zur guten Stimmung bei. Es sind hier heute relativ viele Pilger unterwegs. Ich laufe ab und zu mit jemandem ein Stück gemeinsam. Unter anderem gleich am Anfang mit einer kräftigen weißen Südafrikanerin. Hätte nicht gedacht, dass Leute für den Jakobsweg von so weit her anreisen – glaubte, ich sei da eher eine Ausnahme. Nun bemerke ich, dass sie sogar aus Afrika kommen.

Etwas später laufe ich auch noch mit netter, junger, zarter Irin, Susan mit Namen, die den Jakobsweg ebenfalls alleine geht. Finde sie mutig! Irgendwie kommen wir noch auf das Thema »Kritik« und so meint sie denn unter anderem, man könne kritisieren, jedoch nicht auf zynische Weise. Auch wenn diese Worte jetzt nicht auf mich gemünzt sind – das nehme ich wenigstens einmal an – denke ich, es könnte vielleicht nicht schaden, in Zukunft ein wenig darauf zu achten, wie ich selbst Kritik denn so an den Mann, beziehungsweise die Frau bringe. – Nachdem wir ein gutes Stück gemeinsam gegangen sind, melde ich mich bei Susan ab und setze mich für eine halbe Stunde an den Wegrand für eine Zwischenverpflegung. Meine kurze Bekanntschaft zieht somit allein von dannen. Während meiner Rast wandern hin und wieder weitere Pilger vorbei, grüßen, wünschen guten Appetit oder lächeln einfach nur.

Ich gelange circa um drei Uhr nach Los Arcos, einem Dorf mit 1 400 Einwohnern. Laufe zwischen alten Häusern durch die lange schmale Hauptstraße, komme zu einer Herberge, schaue kurz hinein, gehe aber, auf etwas Besseres spekulierend, gleich weiter zur nächsten. Hier, nach gutem erstem Eindruck, schreibe ich mich ein, belege ein Bett und ruhe mich etwas aus. (Weil ich es oben angenehmer finde, wähle ich wenn immer möglich die obere Liege der Stockbetten, wobei, zugegeben, das gelegentliche Heruntersteigen in dunkler Nacht nicht ganz einfach ist.) So da oben liegend finde ich nach ein paar Minuten, dass ich eigentlich gar nicht so müde bin. Es kommt mir der Gedanke, ich sei mit zwölfeinhalb Kilometern heute nicht gerade übermäßig viel gelaufen und könnte an diesem schönen Spätnachmittag noch ein wenig mehr tun. Frage also die Herbergsleiterin, ob sie etwas dagegen hätte, wenn ich weiterzöge. Kein Problem. Sie gibt mir die bezahlten sechs Euro freundlich zurück und wünscht mir einen guten Weg. Ich überlasse ihr dankend ein Trinkgeld. Packe also nun wieder zusammen und verabschiede mich – auch von Susi, die sich schon häuslich im Schlafsaal auf ihrem Bett niedergelassen hat. Deponiere bei ihr noch, um meinen Rucksack etwas zu erleichtern – und weil sie so zart ist – ein Päckchen Fruchtsaft.

Suche nun am Dorfende nach gelbem Pfeil, den ich nach einigem Spähen und letztlich Fragen schließlich finde. Der Weg nach Torres del Rio zieht sich nun noch acht Kilometer hin. Es ist eine sehr angenehme, ruhige Wanderung durch die friedlich daliegende, von den milden Strahlen der Nachmittagssonne beschienene Landschaft. Leichtes Auf und Ab auf schönem Feldweg durch Reben und Getreide, ab und zu Oliven. Ölbäume haben es mir angetan. Nicht nur des kostbaren gesunden Olivenöls wegen (mit kalt gepresstem Olivenöl könne man übrigens hundert Jahre alt werden), das sie produzieren, sondern mehr noch wegen ihrer urwüchsigen Gestalt – besonders die alten mit ihren mächtigen, knorrigen Stämmen. Habe zwar bis jetzt hier in Spanien davon noch keine gesehen, jedoch unter anderem vor allem ganz prächtige im Heiligen Land. Dort waren es vor allem die gewaltigen Exemplare im Garten Gethsemane. Das Alter von bis zu zweitausend Jahren, welches diese Bäume erreichen können – einige also vielleicht schon grünten, als Jesus Christus dort bangte und betete, ist irgendwie faszinierend.

Es scheint, dass ich hier nun wieder allein auf Wanderschaft bin. Fast allein, begegne nur einem einzigen Pilger sowie einem beige-braunen Fälklein, das aber, als ich näher komme, schnell das Weite sucht. Komme jetzt etwas außerhalb des Dörfchens Sansol an. Ich benütze hier die Gelegenheit, in ruhiger Idylle ein Abend-Picknick zu halten. Setze mich bequem ins Gras, packe meine Vorräte aus (bin mittlerweile schon etwas geübter in »Wo-was-im-Rucksack-ist«). Es gibt Salami, Brot, Bier – ist schnell zur Hand und immer wieder gut nach stundenlangem Wandern – und als Dessert Studentenfutter (gut haltbar und nicht ungesund).

Laufe nun noch die restlichen fünfhundert Meter bis Sansol, schaue kurz in die Herberge hinein, gehe aber wegen nicht allzu hohen Standards noch einen Kilometer weiter nach Torres del Rio. Da angelangt heißt es überraschenderweise und zum ersten Mal: »Completo!« Es bleibt mir und einem jungen Spanier, der hier auch gerade Herberge sucht, nichts anderes übrig, als den Rückweg anzutreten, den Hang, den wir nach Torres del Rio herunterkamen, mühsam wieder hochzusteigen, um nochmals – diesmal reumütig – in Sansol zu erscheinen. Es hat noch freie Betten. Hier die gewohnte Routine – Einrichten, Duschen usw.

Den restlichen Abend verbringe ich noch mit einem kurzen Spaziergang in der Nachbarschaft, mit einem Telefonat nach Schaffhausen (ich sei dann wieder einmal auf dem Weg nach Santiago ...) sowie da und dort einem kürzeren oder längeren Plaudern, unter anderem am wachstuchbelegten Küchentisch mit einer hübschen, frisch-fröhlichen Pilgerin aus den USA. Schreibe natürlich auch mein Tagebuch, eben gerade jetzt.

Mittwoch, 30.05. – 11. Tag
Von Sansol nach Logroño – 22 Kilometer

Ich starte beizeiten, um möglichst früh in Logroño anzukommen und damit Zeit zu haben, mir die Stadt ein wenig anzusehen. Es geht hier auf angenehmen Wegen größere und kleinere Hügel auf und ab durch attraktives Gebiet, hauptsächlich Reben, ab und zu Olivenhaine und zwischendurch streckenweise natürliche, wildromantische Vegetation. Das Wetter ist wiederum sonnig. Das Wandern ein Vergnügen. (Gut, dass ich hier bin und nicht nach Saint-Jean-Pied-de-Port laufen musste!) Ich befinde mich übrigens da schon in der bekannten Weinregion La Rioja, dem wichtigsten Weinanbaugebiet Spaniens. Schöne Landschaft – Reben weit und breit. Werde vielleicht diesen Wein zukünftig mit andern »Augen« trinken!

Nach zwölf Kilometern komme ich ins Städtchen Viana. Hier leben 3 200 Einwohner. Bewundere die imposante Kirche Santa María – fast eine Kathedrale! Erstaunlich, ja verblüffend, dieses mächtige Gotteshaus in einem so kleinen Städtchen. Da müssen großzügige Menschen am Werk gewesen sein! Vor dem Portal befindet sich das Grab des Feldherrn Cesare Borgia. Er soll ein Sohn von Papst Alexander VI. gewesen und hier im Jahr 1507 in einer Schlacht im Alter von dreiunddreißig Jahren gefallen sein. Als skrupelloser Fürst wurde er nicht in, sondern zur Strafe vor der Kirche bestattet. Nach kurzer Kaffeepause gehe ich weiter Richtung Logroño, das momentan noch zehn Kilometer entfernt ist.

Komme zum See Embalse de las Cañas. Hier befindet sich ein Naturschutzgebiet mit ornithologischem Observatorium. Mache eine kurze Rast. Sehe nicht gerade viele Vögel, ja eigentlich nicht mehr als an andern Orten auch. Wahrscheinlich müsste man in das Gebiet hineingehen, was ich aber aus Zeitgründen nicht tue, da ich, wie gesagt, die Stadt Logroño etwas näher ansehen will. Bleibe aber, um kurz auszuruhen, hier noch eine Weile auf einer Bank sitzen. Da ich jedoch nicht wirklich erholungsbedürftig bin, folge ich schon bald wieder dem Weg westwärts und laufe Logroño zu.

Etwas außerhalb der Stadt, bereits schöne alte Dächer und Kirchen im Blick, komme ich auf ein kleines leicht abfallendes Asphaltsträßchen und daselbst nach etwa zehn Minuten zu Doña X, einer alten Frau, die sich hier schon seit langem mehr oder weniger »Open Air« eingerichtet hat und Pilgern einen Stempel in den Pilgerpass anbietet. Nebenbei liegt noch dies und jenes zum Kauf ausgebreitet. Ich erstehe eine Jakobsmuschel und hänge sie an meinen Rucksack. Damit bin ich nun definitiv als

Jakobspilger erkennbar, wenn auch als eher moderner, nicht als mittelalterlicher, klassischer, mit Pelerine, breitrandigem Pilgerhut, Stock und Wasserflasche. (Vielleicht werden wir Heutigen in einigen Jahrhunderten dann trotzdem auch zu den Mittelalterlichen oder wenigstens »Postmittelalterlichen« gehören).

Nachdem ich mich von der Doña verabschiedet habe, komme ich nach wenigen Minuten unten am Fluss Ebro an. Ich überquere die Brücke, gehe gleich rechts in die älteste Straße Logroños, die Ruavieja sirga peregrinal und gelange auf dieser nach etwa hundertfünfzig Metern zur Herberge. Diese ist nicht nur groß, bietet 88 Betten, sondern in jeder Hinsicht vorbildlich, unter anderem mit einem gefälligen Vorhof mit hübschen Tischchen, wie in einem gepflegten Gartenrestaurant. Des Weiteren eine geräumige moderne Küche sowie großzügige Sanitäranlagen.

Treffe hier noch Franz, den smarten, sympathischen Süddeutschen, dem ich am ersten Tag in Canfranc und Jaca begegnete. Er berichtet mir, dass meine »Gruppe« vom navarresischen Weg sich mit dem Gedanken trage, wegen der vielen Leute, die hier unterwegs sind, auf die Nordroute (den Küstenweg) auszuweichen. Er sagt aber auch noch, er sei gerade mit einem erfahrenen Pilger ins Gespräch gekommen und dessen Meinung sei, dass wir uns hier schon auf dem »richtigen Weg« befänden. Gerade das Zusammensein mit vielen anderen Pilgern sei ein wichtiger Teil des »Abenteuers Jakobsweg«. Da kann man dem Mann wohl recht geben! Für mich waren ja zum Beispiel die Menschen in der Herberge Obanos mit ein Grund, kurz auszuscheren. Nun, nach etwas mehr Erfahrung und Übung kann ich sagen, dass mich die vielen Leute in den Schlafsälen schon weniger bis gar nicht mehr stören, und dies trotz der Schnarcher, die unvermeidlich überall und jede Nacht die Stille sabotieren. (Franz habe ich leider aus den Augen verloren und nie wieder gesehen!)

Begebe mich nun am späteren Nachmittag bei schönstem Sonnenschein noch auf einen Rundgang in die Altstadt und besichtige verschiedene Sehenswürdigkeiten, unter anderem gleich neben der Herberge eine prächtige Kirche mit interessanter Ausstellung alter Kirchenkunst. Dann auch die Kathedrale sowie am Ende der Ruavieja die interessante und eindrückliche Rundfestung aus dem 9. Jahrhundert. Logroño mit seinen circa 130.000 Einwohnern scheint, soviel ich gesehen habe, eine freundliche, sympathische Stadt zu sein. – Zurück in der Herberge benütze ich die Gelegenheit, in der einladenden, gepflegten Küche ein Gemüsegericht zuzubereiten. Ein einfaches Mahl, doch wenigstens gekocht und warm – bin zufrieden damit.

Donnerstag, 31.05. – 12. Tag
Von **Logroño** nach **Ventosa** – 20 Kilometer

Ich verlasse wie meistens etwa morgens um sieben die Herberge. Schreite durch das alte Stadttor Puerta del Camino, womit die Altstadt hinter mir liegt. Außerhalb Logroños führt ein circa drei Kilometer langes betoniertes Sträßchen zu einem Stausee und Naherholungsgebiet. Auf dieser etwas nüchternen Piste begegne ich vielen Joggern, meist junge Männer, keine einzige Frau. Entweder sind Spaniens Frauen von Natur aus fit oder sie legen nicht so großen Wert auf körperliche Ertüchtigung. Ich für meinen Teil würde jedoch glauben, dass ausreichende körperliche Betätigung, insbesondere Herzkreislauf-Training, also z.B. joggen, das A und O der Gesundheit ist.

Laufe anschließend auf weich federndem Fußweg dem idyllischen Seeufer entlang. Ab Ende See (etwa Kilometer sieben nach Logroño) bis Navarrete (Kilometer dreizehn), besteht nun wieder einmal eine Lücke im Tagebuch, was bedeuten mag, dass außer Wandern nichts Nennenswertes vorkam. Bin somit also schon in Navarrete, einem Städtchen mit 2 000 Einwohnern und wiederum beachtlicher Kirche mit einem grandiosen goldüberzogenen Altar. Nicht nur des Goldes wegen, das übrigens ziemlich massiv sein soll, wie mir eine Kirchendienerin gerade sagte, überkommt mich in dieser Kirche wieder einmal Staunen und Ehrfurcht ob all der Pracht. Ehrfurcht auch all den Menschen gegenüber, die dieses Werk schufen.

Vor dem Verlassen von Navarrete kaufe ich im Lebensmittelladen noch ein wenig Proviant. Werde von einem etwa vierzigjährigen Mann von außergewöhnlicher Ausstrahlung sehr zuvorkommend und freundlich bedient. Scheint, dass das Verkaufen für ihn nicht nur ein kommerzielles, sondern ebenso ein zwischenmenschliches Ereignis ist. Könnte ruhig mehr seiner Art geben, vor allem auch in der DomRep, wo man leider allzu oft auf Ämtern und manchmal auch in Geschäften wie Luft, oder Schlimmeres, wahrgenommen wird.

Ich gehe weiter durch die gepflegte, schöne Rioja-Rebenlandschaft. In dieser Gegend werden die Reben heute mehrheitlich mit Traktoren bestellt. So sind denn die einzelnen Rebzeilen in einem recht großen Abstand von circa drei Metern angelegt und an den Enden der Zeilen ist je ein Streifen von etwa sieben Metern als Wendeplatz frei gehalten. Ich finde die traditionellen, handbewirtschafteten, enger bepflanzten Rebberge und -felder kompakter, schöner, »handgemacht« eben. Ich gehe noch etwas näher an die einzelnen Rebstöcke heran. In saftigem Grün stehen sie da, strotzen vor Kraft. Und was jetzt schon hoffnungsvoll in grasgrünen Kügelchen angedeutet ist, wird im Herbst als köstlich blaue, rötliche oder gelbgrüne Traube am Weinstock prangen, was, wenn man es recht bedenkt, vor allem unserer guten, mittlerweile schon etwa vier Milliarden Jahre alten, doch immer noch wie neuen Sonne zu verdanken ist. (Sie werde übrigens nochmals weitere sechs Milliarden Jahre ihren Dienst tun. Wegen ihr brauchen wir uns also vorläufig noch keine Sorgen zu machen.)

Nach etwa zwei Stunden ruhigen sorglosen Wanderns gelange ich zu einer Abzweigung. Geradeaus geht es nach dem dreizehn Kilometer entfernten Nájera. Links, auf schlichtem Feldweg, sind es rund zwei Kilometer bis zum Dörfchen Ventosa, das aus leicht erhöhter Lage etwas verschlafen herunterblickt. Ich entscheide mich für Ventosa, denn nochmals dreizehn Kilometer bis Nájera scheinen mir im Moment etwas zu viel.

Eine halbe Stunde später bin ich bei den ersten Häusern und da, von Pfeilen gewiesen schnell einmal bei der Herberge, vor der schon einige Pilger warten. Es ist vier Uhr, die Herberge ist geschlossen. Kein Hospitalero da. Ich warte ebenfalls. Nach etwa einer halben Stunde kommt er und gewährt uns Einlass. Das Warten hat sich gelohnt. Die Herberge ist klein, jedoch gepflegt und gemütlich und es erklingt zum ersten Mal Musik, schöne klassische sogar.

Nach Einquartieren und etwas Ruhen gehe ich zur alten schlichten Kirche hoch, die auf dem Hügel steht, an den sich das Dörfchen lehnt. Erinnert mich an die St. Valentinskirche in Rüthi, meinem Heimatdorf, die ebenfalls erhaben auf einem Hügel stand (und noch steht), und die einen nicht geringen Teil meiner Jugenderfahrungen umfasst. Unvergessen sind denn dort unter anderem die Rorate (Marienmessen) im Advent, frühmorgens, mitten kalten, oft tief verschneiten Winters. Im Wonnemonat dann, an lauen Abenden, die Maiandachten zu Ehren der Muttergottes und besonders der prächtige, für Kinder jeweils spektakuläre, Palmsonntag. Das Erhabenste des kirchlichen Geschehens waren jedoch die Hochmessen mit Solisten, Chor und Orchester (unter der Leitung des inzwischen längst verblichenen Lehrers und Musikers August Kobler. Ihm gebührt Lob und Dank, war und ist doch eine solche religiös-kulturelle Leistung in einem Tausendseelendorf alles andere als eine Selbstverständlichkeit).

Außer dem religiösen Geschehen mit seinen Ritualen war für mich im Alter von etwa acht bis zehn Jahren die Kirche aber auch noch ein Ort spektakulärer Fantasie. So sah ich mich zum Beispiel während der Predigt, bei voll besetztem »Haus«, jeweils in einer Trapez-Nummer in allen Schwierigkeitsgraden atemberaubend durch das die Zirkuskuppel ersetzende Kirchenschiff fliegen, über den Köpfen der Kirchenbesucher, die mein Publikum waren. Nun, nachdem ich zum ersten Mal im Zirkus war und von den Trapez-Artisten förmlich hingerissen, musste ich einen Weg finden, es ihnen gleich zu tun. Und da Kirchen so schön hoch sind, ließ sich die Sache hier eben während des Gottesdienstes geradezu ideal »verwirklichen« ...

Nun, was Kirchen betrifft, hier in Spanien gibt es nur alte, eine neue habe ich bis jetzt noch nirgends gesehen. Es scheint, mit den im Mittelalter gebauten sei der Bedarf gleich auch für das dritte Jahrtausend gedeckt worden! Heutzutage bauen die Spanier, wie mir scheint, vor allem lieber Straßen. Nun, die tollen Autos, die überall auf der Welt so massenhaft produziert werden, müssen ja schließlich auch irgendwo zirkulieren.

Es ist momentan bewölkt, frisch, und der Wind pfeift ein wenig um die Ecken des auf einen Felskopf gebauten Gotteshauses, vor dem ich stehe. Gehe langsam um die Kirche herum, betaste und fühle mit beiden Handflächen den rustikalen Putz, schaue an der Fassade hoch und lasse dann meine Augen wieder in die anmutige Reblandschaft schweifen. Da sich auf der windgeschützten Seite gerade ein Plätzchen mit gepflegtem, dichtem Rasen anbietet und scheinbar niemand in der Nähe ist, den ich verunsichern könnte, mache ich zur Abwechslung wieder einmal ein paar Yoga-Gymnastiübungen – inklusive Kopfstand!

Wieder zurück vor der Herberge, setze ich mich mit frisch durchblutetem Gehirn zu einer jungen Koreanerin. Sie schreibt gerade ihr Tagebuch, fühlt sich aber scheinbar, wie nach ihrem gewinnenden Lächeln zu schließen ist, nicht gestört. Scheint ein unkompliziertes, offenes Mädchen zu sein. Wie sie sagt, wohnt und studiert sie in Barcelona. Sie spricht recht gut spanisch und wir unterhalten uns etwa ein halbes Stündchen, worauf es langsam kühler wird, und wir uns deshalb in den Aufenthaltsraum der Herberge verlegen.

Der Raum ist schön und gediegen gestaltet. Es ist recht angenehm, hier zu verweilen. Meine koreanische Gesprächspartnerin widmet sich, nachdem wir uns in groben Zügen etwa gesagt haben, was man so sagt, nun wieder ihrem Tagebuch. Ich blättere und lese noch ein wenig in einem ausliegenden interessanten Band vom Jakobsweg. Erstaunlich, welche Bedeutung dieser Weg seit mehr als tausend Jahren hat und wie viele Pilger ihn schon gegangen sind, vom einfachen Mann bis zu Prinzessinnen und Königen aus ganz Europa. Trage mich auch noch mit kurzem Text ins Gästebuch ein. (Nachfolgende Generationen sollen ja auch noch etwas von mir haben!!)

Später, wie üblich beizeiten zur Ruhe gelegt, schnarchen im Saal zwei Pilger um die Wette. Trotz Gehörschutz überschreiten die archaischen Laute in meinem Gehörzentrum ein zumutbares Maß deutlich. Ich nehme deshalb den Schlafsack und begebe mich im Dunkel auf leisen Sohlen in den ein Stockwerk höher gelegenen zweiten Schlafraum in der Hoffnung, es könnte dort eventuell ruhiger sein.

Ich habe Glück! Hier befinden sich, wie ich im fast Dunkeln feststelle, nur etwa drei Leute und es herrscht Stille. Triumphiere innerlich ein wenig über den gelungenen Schachzug. Ich klettere auf ein Bett und versuche, mich dem Schlaf zu ergeben. Aber oh weh, nach etwa drei Minuten – ich traue meinen Ohren nicht – fängt es auch hier an zu schnarchen. Was soll man da tun? Am besten nichts, denn ändern lässt sich diese allzu oft vorkommende sonderbare menschliche Anomalität ja kaum. Es bleibt nur, sich in Geduld zu üben und zu warten, bis das Sandmännchen vielleicht doch den erlösenden Sand streut – was dann irgendwann auch geschehen sein muss.

Freitag, 01.06. – 13. Tag
Von **Ventosa** nach **Azofra** – 17 Kilometer

Das Wetter ist heute Morgen kalt und windig. Es geht durch leicht hügelige, immer noch von Reben dominierte Landschaft. Das Laufen fällt mir anfänglich wieder einmal etwas schwer, nach und nach geht es aber wieder gut und zum Glück zunehmend besser. Mache vor Nájera, kleinem Städtchen mit 7 000 Einwohnern, Picknickrast in einer Wiese an nicht gerade malerischer Stelle bei einem Strommast. Und nun, wer kommt da des Weges? Zwei junge hübsche Frauen. Glaube zuerst, eine der beiden sei die junge Amerikanerin vom Küchentisch in Sansol. Als sie näher kommen, erkenne ich aber Anina und Renate, von denen ich mich in Obanos mehr oder weniger für immer verabschiedet hatte. Wir sind überrascht, sie wahrscheinlich mehr als ich, wähnten sie mich doch als »Abtrünnigen« eher außerhalb der Iberischen Halbinsel. Sie setzen sich zu mir ins Gras und entnehmen ihren Rucksäcken ebenfalls etwas Essbares.

Nach gemeinsamer Imbissrast gehen wir zusammen weiter. Wir kommen nach zwanzig Minuten nach Nájera und begeben uns da in ein Restaurant zu Kaffe und Kuchen. Sie erzählen mir noch, sie hätten sich in Logroño von Niko und Daniela getrennt, die sich ihrerseits in Erwartung größerer »Einsamkeit« auf die Nordroute begeben hätten; bin neugierig, was mir Niko dann einmal über jenen Jakobsweg berichten wird.

Nájera wurde übrigens im 9. Jahrhundert von der Maurenherrschaft befreit und wurde Residenzstadt der Könige von Navarra. Es war auch immer eine wichtige Station auf dem Jakobsweg. Nájera besitzt ein sehenswertes, im 11. Jahrhundert gegründetes Kloster (Santa María la Real) mit bedeutendem spätgotischem Hochaltar.

Wir verlassen das Restaurant und brechen wieder nach unserm Etappenziel Azofra auf. Das Wetter ist inzwischen etwas weniger kalt und ab und zu verwöhnen uns sogar ein paar milde Sonnenstrahlen. Gleich nach Nájera geht es einen Kilometer bergauf. Ich muss mein Tempo der Steigung anpassen, also verlangsamen, um in einem guten Herzrhythmus zu bleiben. Laufe übrigens hier auf dem Jakobsweg meistens bei einer Pulsfrequenz um 84 Schläge herum. Mein Ruhepuls zum Vergleich ist etwa 68. – Auf der Anhöhe angekommen, geht es auf der andern

Seite gleich wieder sanft hinunter und danach einige Kilometer mehr oder weniger flach ziemlich geradeaus. Und immer noch Reben, Reben, Reben!

In Azofra angekommen, sind wir angenehm überrascht von einer relativ komfortablen Herberge, die da zur Verfügung steht. Zum ersten Mal schläft man in Kojen mit zwei einzelnen, allerdings ziemlich schmalen Betten. Es befindet sich somit heute einmal keine(r) unter oder über mir, jedoch einer nebenan. Es ist ein etwa fünfzigjähriger Italiener. Unsere Verständigung ist wegen der nicht vorhandenen sprachlichen Übereinstimmung fast aussichtslos. Er bietet mir aber freundlicherweise dann noch irgendwie sein Handy an, um meiner Frau in der DomRep anzurufen. Ich will ihn entschädigen, er nimmt aber nichts und sagt, es gehe auf Firmenspesen. – Es scheint übrigens, dass ich einer der Wenigen bin, die kein Handy bei sich haben. Habe auch keinen Fotoapparat und keinen iPod. Meine Idee war, auf dem Jakobsweg mit möglichst wenig Technik – und damit natürlich auch Gewicht – auszukommen und in erster Linie zu laufen, zu schauen, zu sehen.

Ich gehe gegen Abend mit Renate noch »ins Dorf«, um Kleinigkeiten einzukaufen. Da Anina sich wegen Bauchschmerzen nicht gut fühlt, fragen wir in einer Apotheke nach einem passenden Medikament. Als die nette Apothekerin aber die Symptome genauer hinterfragt, geraten wir ein wenig ins Schleudern. Einerseits, weil mein Spanisch bei gewissen Fachausdrücken – und leider auch sonst – manchmal an Grenzen stößt, andererseits, weil wir die Bauchprobleme nicht selbst haben und es deshalb schwierig ist zu wissen, wie und wo sie sich genau bemerkbar machen. Die Apothekerin verkauft uns deshalb verständlicherweise kein Medikament.

Später mache ich in der geräumigen Küche noch »Röschti mit Spiegelei«, was allerdings wegen ungeeigneter Pfanne völlig daneben gerät (»aaghockt«). Anina isst trotzdem davon und findet es sogar noch passabel. Mir ist es ein wenig peinlich, möchte man doch, wenn schon, etwas Gutes auf den Teller bringen, besonders für Anina.

Samstag, 02.06. – 14. Tag
Von Azofra nach Sto. Domingo de la Calzada – 16 km
Von Ibeas de Jurrao nach Burgos – 15 Kilometer

Laufe heute Morgen in sanft hügeliger, jetzt jedoch etwas eintöniger Landschaft mit riesigen Korn-, vereinzelt auch Kartoffel- und Erbsenfeldern. Das Wandern fällt mir heute außergewöhnlich leicht und im Moment scheint mir, das Ziel, Santiago zu erreichen, sollte durchaus »drin« liegen.

Komme nach Santo Domingo de la Calzada, einem kleinen geschichtsträchtigen Städtchen mit 5 500 Einwohnern. Der heilige Domingo de la Calzada soll hier im 11. Jahrhundert eine Brücke über den Fluss Oja gebaut, sowie ein Pilgerhospital und eine Pilgerherberge errichtet haben.Besichtige als Erstes die stattliche Kathedrale. In dieser Kirche befindet sich in halber Höhe ein ziemlich großer, schwerer, schwarzer eiserner Käfig mit einem weißen (lebendigen) Hahn und einer ebensolchen Henne. Damit hat es folgende Bewandtnis: Der Legende nach übernachtete ein Ehepaar mit seinem Sohn auf Pilgerfahrt in einem Wirtshaus in St. Domingo. Die Wirtstochter verliebte sich in den jungen Mann (war wohl Liebe auf den ersten Blick!), der wollte aber nichts von ihr wissen und zog am nächsten Morgen mit seinen Eltern weiter. Das beleidigte Mädchen hatte nun aber einen silbernen Becher in das Gepäck des Jungen gesteckt und zeigte ihn des Diebstahls an. Der Becher wurde entdeckt und der Junge zum Tode durch Erhängen (welch raue Sitten!) verurteilt. Als die Eltern nach Vollstreckung des Urteils noch einmal zu dem Baum gingen, an dem der Sohn hing, stellten sie überrascht fest, dass der Junge lebend am Galgen hing, der heilige Domingo stützte ihn. Das Ehepaar begab sich also zum Richter, um von dem Wunder, das die Unschuld ihres Sohnes bewies, zu berichten. Dieser saß gerade am Mittagstisch und sagte, dass der Junge so lebendig sei, wie die gebratenen Hühnchen auf seinem Teller, die er gerade zu verspeisen gedenke. Darauf flogen die beiden Tiere davon ... Seitdem werden in der Kathedrale von Santo Domingo der Hahn und die Henne gehalten. Wenn man Glück hat (ich hatte es leider nicht), kann man den Hahn krähen hören, was in einer Kathedrale, wie ich mir vorstelle, ein außergewöhnliches akustisches Erlebnis sein dürfte. Hätte wahrscheinlich auch Johann Sebastian entzückt, an geweihter Stätte zur Abwechslung einmal das unbefangene Krähen eines Hahnes zu hören, anstelle großer Musik – seiner eigenen zum Beispiel.

Was in dieser Kirche noch besonders ins Auge fällt, sind die gewaltigen Säulen. Fast erweckt es den Eindruck, die Säulen beanspruchten mehr Platz, als der freie Raum. Der Architekt/ Baumeister wollte wohl sichergehen und bemaß die Säulen gleich etwa doppelt so stark als nötig – nehme ich jetzt einmal an.

Außer der Kathedrale weiß ich im Moment nicht, was in Santo Domingo noch sehenswert wäre. Darum, und weil das Wetter wieder unfreundlich und kalt ist, beschließe ich, von hier gleich ein Stück mit dem Bus zu fahren. An der Bushaltestelle sammeln sich einige Pilger, außer mir alles Frauen. Eigentlich wollte ich die »Höhlen von Atapuerca« besichtigen und dahin fahren. Da wurden nämlich 800 000 Jahre alte menschliche Überreste gefunden, und dieser Ort gilt denn auch als Heimat der ersten Europäer. Infolge falscher Auskunft im repräsentativen und modernen Touristikbüro von Santo Domingo lande ich jedoch an einem andern Ort, nämlich zwölf Kilometer zu weit und in etwas falscher Richtung, in Ibeas de Jurraos. Da es sehr umständlich wäre, von hier nach Atapuerca zu kommen, entschließe ich mich, gleich direkt nach Burgos, meinem heutigen Etappenziel, zu laufen.

Es geht hier nun wieder auf idealem, neben der Hauptstraße angelegtem Weg, ebenaus weiter. Alle paar Hundert Meter stehen je zwei kleine Pylonen mit blauer Jakobsmuschel, was komfortabel anmutet und auch noch hübsch aussieht. Sich hier zu verlaufen wäre schwierig – sogar für mich! Die Landschaft ist aber, wie gesagt, etwas monoton und nicht mehr so ganz schön. Das Wetter jedoch ist jetzt am Nachmittag angenehm sonnig. Fühle mich in guter Verfassung. Wenn ich fit bin und das Wetter freundlich, ist Wandern reines Vergnügen, und dies, wie mir im Moment gerade sympathisch auffällt, erstaunlicherweise sogar trotz relativ schwerem Rucksack.

Nach vierzehn Kilometern komme ich an den Stadtrand von Burgos. Hier geht der Jakobsweg durch nicht sehr gepflegtes Vorstadtgebiet, dann aber bald durch zivilisierte Wohnviertel. Etwa in der Nähe des Stadtzentrums begegne ich einem Mann, wie sich herausstellt, einem Pilger in »Zivil«, das heißt, ohne Rucksack. Ich frage ihn nach der Kathedrale. Kein Problem, sie ist ganz in der Nähe, nur im Moment gerade von Häusern verdeckt. Ebenfalls ganz in der Nähe soll es eine Herberge geben, die ich nun als Erstes anpeile. Leider ist sie schon voll belegt,

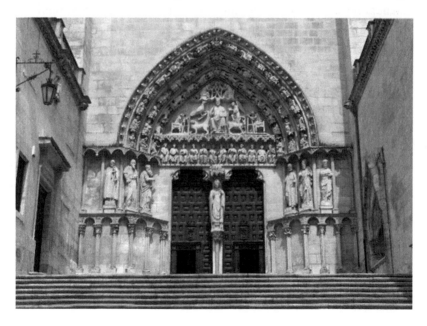

sodass ich dann später in die große, eineinhalb Kilometer entfernte Herberge am westlichen Stadtrand ziehen muss. Begebe mich aber jetzt zuerst einmal zur berühmten Kathedrale, wo ich meinen Rucksack bei der Kasse in ein Schließfach gebe. Ich löse meinen Eintritt und gehe in die Kathedrale hinein.

Was sich da dem Auge bietet, ist gewaltig. Ein Reichtum und eine Vielfalt an Konstruktionen, Ornamenten, Skulpturen, Bildern, Statuen usw. sondergleichen, möglicherweise eine der imposantesten Kirchen weltweit. Nach dieser ersten Orientierungs-Besichtigung – will morgen nochmals vorbeikommen – verlasse ich die Kirche und mache noch einen kurzen Rundgang in der Altstadt. Verlasse aber auch diese bald wieder und laufe stadtauswärts, Richtung Herberge.

Im Außenbezirk komme ich, es ist Samstagabend, an großem Supermarkt vorbei und bin froh, dass er um sechs Uhr noch offen ist, denn in meinem Proviantsack gähnt Leere. Ich benutze also die Gelegenheit und kaufe ein, was ich so brauche. Gelange dann schließlich nach kurzer Wegunsicherheit zu der einfachen, barackenartigen Herberge, die mitten in einem großen, flachen, mit hohem Gras und lichtem Baumbestand bewachsenen, parkähnlichen, jedoch etwas verwilderten Areal auf der andern Seite des Flusses Arlanzón steht.

Werde vom Herbergsleiter freundlich empfangen. Er schreibt mich ins Kontrollbuch ein und weist mich zum Schlafsaal. Ich suche mir ein Bett aus, merke aber bald, dass ich da in der Nähe des Nassraumes (Toiletten/Duschen) bin, was mir, weil Toilettentüren erfahrungsgemäß meist offen gelassen werden, nicht besonders behagt. Nehme den Rucksack und den schon herausgezogenen Schlafsack und suche mir in der gegenüberliegenden Ecke des riesigen Schlafsaals etwas Besseres. Insgesamt stehen in dieser Baracke etwa hundert Betten, was aber überhaupt kein Problem ist. Es herrscht eine gute Atmosphäre. Fast gefällt es mir hier. Fühle mich gut und kaum müde, obwohl ich 31 Kilometer gelaufen bin.

Leider habe ich mich aber mit der heutigen Busfahrt unge-wollt, jedoch etwas leichtsinnig, von Anina und Renate abge-setzt. Hatte ihnen am Morgen aber zum Glück noch schnell ein »By« in ihre Koje gerufen, sie werden mir also wohl verzeihen.

Beim Abendpicknick an einem der kräftigen Holztische, die hier vereinzelt auf der Herbergswiese stehen, ein wenig gedan-kenversunken mein Abendbrot genießend, widerfuhr mir völlig überraschend eine Episode äußerst reizvoller Art. Eine junge Frau – oder fast gar noch ein Mädchen – kam auf dem vorbei-führenden Weg auf mich alten Mann zu. Eine Begebenheit, wie sie sich immer und überall ereignen mag und nichts Besonderes ahnen lässt. Als das weibliche Wesen aber näher kam, bemerkte ich, dass es mich anschaute. Doch nicht einfach so, wie sich Unbekannte normalerweise manchmal eben ansehen – nein, ihr Blick war absolut unwiderstehlich, ja von einer Lieblichkeit und Innigkeit, wie es sonst nur bei großer Verliebtheit der Fall ist. Ich war überrascht und perplex, sodass ich im Moment, außer etwas unbeholfen lächeln, nicht wusste, was ich in dieser Situation tun soll – und als ich wieder zu mir kam, war die Fata Morgana auch schon vorüber. – Wenn mir der Zufall, oder wer immer es ist, das nächste Mal wieder etwas von dieser Art bescheren sollte, wäre es vielleicht von Vorteil, wenn er mich dann gleich auch um einige Jahre jünger machen könnte, sagen wir einfach einmal um etwa vierzig . Doch Spaß beiseite, die holde Jugend-zeit kehrt leider nie zurück ...

Sonntag, 03.06. – 15. Tag
Von **Burgos** nach **Tardajos** – 9 Kilometer

Ich laufe am Morgen beizeiten zurück in die Altstadt von Burgos. Besuche zuerst das Museo de Burgos, ein interessantes, großes Heimatmuseum, in dem auch Fundstücke aus den Höhlen von Atapuerca zu sehen sind. Somit habe ich unerwartet doch noch etwas von dem gestern verpassten Atapuerca mitbekommen, was mich noch besonders freut. Nach dieser Besichtigung fahre ich mit dem Bus zum etwa vier Kilometer entfernten Kartäuserkloster von Miraflor, einem der interessantesten Klöster Spaniens, wie im Führer beschrieben steht. Hätte den Weg auch zu Fuß mache können; es wäre an diesem Vormittag bei strahlendem Sonnenschein durch schöne Parkanlagen und ohne Rucksack ein attraktiver Spaziergang gewesen. Doch aus Zeitgründen – möchte heute noch nach Tardajos kommen – habe ich davon abgesehen.

Bin also jetzt in der Klosterkirche von Miraflor, die, da gerade eine Messe gefeiert wird, randvoll von Besuchern ist. Die Kirche, spätgotischer Stil aus dem 15. Jahrhundert, wirkt außerordentlich gediegen und elegant. Sie beherbergt unter anderem das kunstvolle Grabmal für König Juan II. und seine Gemahlin Isabel. Das Kloster ist eines der wenigen noch aktiven Klöster des Kartäuserordens in Spanien. Die Mönche verbringen ihr Leben hier mit Arbeiten und Beten, in Stille bei extrem strengem Schweigen. Das Kloster kann leider nicht besichtigt werden. Kaufe hier als Andenken noch eine Ansichtskarte vom hl. Bruno. (Leider schaffte sie es nicht bis Puerto Plata, sondern blieb irgendwo auf der Strecke.)

Zurück in Burgos, flaniere ich noch mal ein wenig durch die Altstadt. Besonders fällt mir hier die »Casa Colón« auf, ein großes, prächtiges Gebäude. Welche Bewandtnis es möglicherweise mit Christoph Kolumbus hat, kann ich nicht herausfinden, der Gediegenheit und Größe nach zu schließen vermutlich aber eine wichtige.

Gehe zum Schluss nochmals zur Kathedrale. Dieses Bauwerk ist schon sehr beeindruckend. Vor allem im Innern der Kirche erwartet den Besucher eine verblüffende Vielfalt an Kunstwerken – Grabmäler, Kapellen, Chorumgang usw. In zwei Kapellen, fast eher Kirchen in der Kirche, finden gerade Gottesdienste statt. Feierlicher geistlicher Gesang dringt gedämpft aus dem

Innern. Die Kathedrale wurde übrigens vom 13. bis 15. Jahrhundert von den damals bedeutendsten Baumeistern und Künstlern, unter anderen dem Deutschen Juan de Colonia, erbaut.

Beim Verlassen dieser monumentalen Kirche drehe ich mich nochmals um und versuche, mir das Bild des gewaltigen Innenraumes gut einzuprägen. Allerdings wird es nicht einfach sein, sich später dieser Sehenswürdigkeit, wie auch aller andern des Jakobsweges, einigermaßen getreu zu erinnern. Es sind der Eindrücke zu viele. In dieser Hinsicht wäre ein Fotoapparat nun doch gar nicht so schlecht! Setze mich noch kurz in ein Straßencafé mit freiem Blick auf die Kathedrale und den großen Vorplatz, auf dem sich hier am heutigen schönen Sonntagvormittag unzählige Touristen, Pilger und wohl auch Einheimische durcheinander tummeln, alle offenbar angezogen von dem gewaltigen Gotteshaus.

Da mich der Weg ruft, schultere ich nach der kurzen Kaffeepause den Rucksack wieder und mache mich auf nach Tardajos. Ich laufe in die Gasse links der Kathedrale hinein. Hier formiert sich gerade ein historischer Reiterumzug. Ich spreche eine der Reiterinnen hoch zu Ross an und erfahre, dass der Umzug in Erinnerung an den kastilischen Nationalhelden »El Cid« stattfinde, der als berühmter Feldherr und Ehrenmann in die spanische und in die Weltliteratur einging.

Setze den Weg stadtauswärts Richtung Westen fort. In einem Außenbezirk von Burgos komme ich an einer mittelgroßen Kirche vorbei. Ich trete ein und stelle mich, da auch hier gerade ein Gottesdienst stattfindet, hinten an. Schnell fallen mir an den Säulen im vorderen Teil der Kirche zwei große, schön von Hand geschriebene Tafeln auf. Da steht: Nunca las cosas cambian tanto, que cuándo tu te cambias« (die Dinge ändern nie mehr, als wenn du dich änderst). Ein etwas ungewohnter, jedoch bemerkenswerter Spruch und in einer katholischen Kirche recht modern anmutend.

Der weitere Weg nach Tardajos am heutigen Sonntagnachmittag ist eine schöne, ruhige und leichte Wanderung in vorwiegend ebenem Gelände mit Äckern, Wiesen und Wald. Hätte diesen »Bosque«, in dem ich gerade laufe, eigentlich frühmorgens durchqueren sollen, um festzustellen, ob es hier die unvergleichlichen Vogelstimmenkonzerte auch gibt, wie sie zum Beispiel in mitteleuropäischen Mischwäldern, vor allem jeweils im Frühling, erschallen. Wenn ich mich recht an das zuletzt gehörte zurückerinnere, gibt es wohl kaum etwas Schöneres, Jubilierenderes, als ein solches Konzert – beim Erwachen eines neuen Tages. Da hat sich der »Schöpfer« wirklich etwas ganz Besonderes ausgedacht! Muss mir dieses akustische Wunder bei nächster Gelegenheit unbedingt wieder einmal anhören! – Jetzt, hier, wo ich gerade laufe, vernimmt man ab und zu vereinzeltes Singen oder Zwitschern. Aber auch das ist auf seine Art ja schon beinahe mirakulös!

Bei meiner Ankunft in der Herberge in Tardajos empfängt mich ein älterer freundlicher Herr, der sein Amt mit sichtlichem Engagement und Vergnügen ausführt. Nachdem ich mit Duschen, Kleider waschen und aufhängen fertig bin, setze ich mich etwas auf die angenehm warmen Zementplatten im Garten auf der Westseite des Hauses in die schon etwas tief stehende Sonne, mit dem Rücken an die ebenfalls sonnenerwärmte Fassade gelehnt. Hier hängt Karin, eine jüngere Kanadierin, gerade ihre Wäsche zum Trocknen auf. Mich mit ihr etwas unterhaltend, frage ich sie unter anderem nach ihrer Motivation, den Jakobsweg zu gehen. Nach kurzem Zögern meint sie, sie gehe den Weg, um über ihr Leben nachzudenken und zu beten. Diese Antwort überrascht mich ein wenig, macht mein Gegenüber doch nicht den Eindruck einer besonders frommen Jungfrau, sondern eher den einer beherzten, frohgemuten Frau, mit der man zur Not auch mal Pferde stehlen könnte ...

Später am Nachmittag, beim Einkaufen im Dorfladen, der extra wegen uns drei Pilgern – also Karin, mir und die Dritte kommt gleich – am Sonntagnachmittag öffnet, treffe ich auch noch auf »Erni« (hier ist sie!), eine etwa fünfundvierzigjährige, liebenswürdige Holländerin. (Habe übrigens noch nie eine nicht liebenswürdige Holländerin erlebt). Sie sagt unter anderem, sie sei Waldorf-Lehrerin, worauf ich bemerke, gerade kürzlich sei mir ein Wort von Rudolf Steiner durch den Kopf gegangen, das besagt, derjenige der verehren gelernt habe, verstehe es am besten, das Haupt frei zu tragen. Darauf erwidert sie: »Darum haben wir uns heute getroffen.« Weiter meint sie noch, gemäß Rudolf Steiner solle man den Jakobsweg bis Finisterre laufen, er sei einer der Sternenwege und er gehe bis Finisterre. Hierauf entschließe ich mich, dann ebenfalls bis dorthin zu laufen, was der Sternenweg auch immer genau bedeuten mag, denn wenn Steiner es sagt, und die sympathische Erni es mir übermittelt, muss ja sicher etwas dran sein.

Zurück in der Herberge sehe ich unter anderem, wie eine Frau mittleren Alters auf der Wiese nebenan gerade einen Esel mittels Eisenpflock und Seil anbindet. Es ist ein großer, stämmiger Esel und macht, wie Esel meistens, einen freundlichen, sympathischen Eindruck. Ich gehe näher zu den beiden hin und frage die Frau nach Begrüßung, was es mit dem Tier auf sich habe. Sie sei mit ihm auf dem Jakobsweg, schon von Frankreich aus. Sie würden täglich etwa fünfundzwanzig Kilometer laufen, wobei er ihre Sachen trage. Als Entschädigung wolle er nur Gras und Wasser, das sich überall finden lasse. Wie genügsam und unkompliziert doch Tiere sind – im Vergleich zu uns Menschen! Finde es eine sehr schöne Art, den Jakobsweg zu gehen. Beneide die Frau ein wenig. Wie es aber zum Beispiel um den Geh-Rhythmus der beiden bestellt ist, wäre noch eine zusätzliche Frage gewesen. Könnte mir vorstellen, dass er das Tempo bestimmt, wobei er wahrscheinlich eher ein stetes, gemächliches anschlägt.

Später, nachdem ich mich in der Herberge noch etwas näher umgesehen habe, gehe ich gleich nochmals zu meinem neuen »Kollegen« hinaus. Stelle fest, dass er meinem erneuten Besuch nicht abgeneigt ist, schaut er doch, als ich komme, schnell einmal interessiert nach mir, ruhig das Gras in seinem Maul weiter zermalmend. Ich rede ein wenig mit ihm, lobe ihn gebührend und kraule ihm Wangen, Hals und Scheitel. Dies scheint ihm zu behagen, wartet er doch sogar für eine Weile damit, weiteres Gras abzurupfen. Schade, dass Tiere nicht reden können. Denken und fühlen tun sie zweifelsohne, das konnte ich wiederholt bei unseren Hunden feststellen. – Schön ist aber auf jeden Fall, dass er, der Esel – wie Tiere überhaupt – einfach ist, was er ist, natürlich und wahrhaftig, ganz nach dem Motto »Be yourself, nothing more«. Übrigens, in Deutschland habe ein Hund sprechen gelernt, allerdings erst ein Wort – »Mama« nämlich. Es ist aber anzunehmen, dass er sich nicht bewusst ist, was er da sagt. Wie dies übrigens auch bei Papageien und anderen Vögeln der Fall ist, die ganze Sätze sprechen können, aber eben nur nachahmend. Konrad Lorenz hingegen berichtet von einem Kolkraben als dem einzigen Tier, das je zu Menschen ein Menschenwort sinnvoll und einsichtig gesprochen habe.

Später am Abend, bereits im Begriff, mich zur Ruhe zu legen, komme ich nochmals in eine Unterhaltung, diesmal in eine längere, mit Erni, deren Matratze gleich an meine stößt. Die Herberge, in der wir uns befinden, ist übrigens klein und sehr einfach. Da sie überfüllt ist, schlafen wir diese Nacht eng gedrängt am Boden auf Notmatratzen. Im relativ kleinen Raum sind außer Karin und Erni noch eine junge Deutsche und ihr australischer Freund, ein älteres italienisches Ehepaar sowie ein anonymer Herr aus Österreich.

Erni, mittelgroß und eher schlank und zierlich, im Moment gerade mädchenhaft im Fersensitz auf ihrer Matratze, erzählt mir in rührend vertrauensvoller Weise aus ihrem Leben. Sie ist verheiratet, hat zwei Kinder und ist krebskrank. Sie hat sich entschieden, sich nicht operieren zu lassen, sondern hofft, mit ihrem Willen und Gottes Hilfe, gesund zu werden ...

Laufe am Morgen zusammen mit Erni bei niedriger, wildromantisch zerrissener Bewölkung und frischer Temperatur auf hübschem Feldsträßchen durch eine hügelige Weidelandschaft. Gelegentlich schöne Ausblicke auf wechselnde Szenarien. Zum Beispiel gerade hier, in einiger Distanz, auf ein von durchbrechenden Sonnenstrahlen beschienenes Mohnfeld, das wie ein Rubin aus dem es umgebenden Grün herausleuchtet.

Wir unterhalten uns über alles Mögliche, natürlich auch wieder ein wenig über Anthroposophie und Rudolf Steiner, den universellen Geistesgelehrten. Mit Erni zu laufen ist angenehm und, um welches Thema es sich auch immer handelt, wir scheinen uns zu verstehen. Erni spricht übrigens perfekt deutsch. Um Reden und Nichtreden aber etwas ins Gleichgewicht zu bringen, schlägt sie vor, zwischendurch ein wenig zu schweigen, was auch mir durchaus nicht unangenehm ist. Ist der Stille der Natur, die uns hier umgibt, ja auch angemessen.

Nach mehreren Kilometern auf einem Hochplateau mit riesigen Getreidefeldern kommen wir nach Hornillos del Camino und damit in die einzige Straße des Dorfes, die »sirga peregrinal« (wieder einmal!). Im ebenfalls einzigen Lebensmittelladen sehen wir uns das Angebot etwas näher an und lassen uns davon inspirieren. Decke mich vor allem mit Früchten ein. Beim Verlassen des Ladens fragt mich der Inhaber noch, ob sein Geschäft in meinem Reiseführer denn auch erwähnt sei. Ich schaue nach – nein, in Hornillos del Camino ist nur eine Herberge und eine Bar, aber keine Einkaufsmöglichkeit verzeichnet. Damit er sich für die nächste Ausgabe vormerken lassen kann, überlasse ich ihm die Verlagsadresse. Da Erni sich vor dem Laden etwas länger mit zwei Pilgern unterhält, sage ich ihr schon einmal »Auf Wiedersehen, bis später« und gehe allein weiter. (Es war aber für immer, wir begegneten uns leider leider nicht mehr.)

Bei angenehmem Sonnenschein und schönen Wegen geht es nun durch eine weite offene Landschaft mit jetzt vorwiegend Kornfeldern. Nach etwa zweistündiger, stetiger, ruhiger Wanderung komme ich zum Dörfchen Hontanas und setze mich vor dem Restaurant an einen schattigen Tisch. Es sind schon zahlreiche Pilger da. Unter anderem auch Karin von gestern Abend in Tardajos. Sie sitzt auf der gegenüberliegenden, besonnten Straßenseite zusammen mit zwei andern Frauen. Ich hole mir an der Bar, wie meistens, einen »Café con leche« (Milchkaffee – gibt leider in Spanien keinen »Kafigrem«) und etwas zum Beißen. Die Tasse Kaffee kostet übrigens erstaunlicherweise in Spanien nur etwa halb soviel wie in der Schweiz. Zugegeben, ein Schweizer Kafigrem ist vielleicht schon noch ein bisschen besser, doch vielleicht nicht gerade um hundert Prozent.

Nach einer Weile dann aus meiner Warte so in die Runde blickend, fällt mir Karin auf. Sie ist totenblass. Zwei, drei Leute sind bei ihr und bemühen sich um sie. Ich begebe mich auch dazu und sehe, dass es ihr ziemlich schlecht gehen muss und dass sie anscheinend nicht bei vollem Bewusstsein ist. Niemand weiß so recht, welche Maßnahmen zu ergreifen sind, auch ich nicht. Ich schlage dennoch – weil ich gerade genügend davon im Rucksack habe – Traubenzucker vor. Jemand meint aber entschieden: »Keinen Traubenzucker!«

Nach einigem Hin und Her dämmert mir, früher in einem Erste-Hilfe-Kurs einmal mitbekommen zu haben, dass bei diesen Symptomen die Beine hoch gelagert werden sollten. Wir betten sie also auf den Rücken und lagern ihre Unterschenkel auf zwei aufeinandergestapelte Rucksäcke. Dies scheint zu helfen. Schon nach einigen Minuten geht es ihr besser. Sie ist ruhiger und wirkt weniger elend. Ihr Zustand normalisiert sich zusehends. Da das Ärgste überstanden zu sein scheint, und sich noch genügend Leute um sie kümmern, gehe ich zurück zu meinem Kaffee und dann bald wieder auf Wanderschaft.

(Fühlte mich in dieser Situation als Nothelfer ziemlich unsicher, weshalb ich mich später informierte, welche Maßnahmen bei einem Kreislaufkollaps – darum handelte es sich ja höchstwahrscheinlich – anzuwenden sind, um ein andermal besser gewappnet zu sein. Wie ich einem ärztlichen Ratgeber entnehme, wäre also Folgendes zu tun: Patient in den Schatten legen, Kopf tief-, Beine hoch lagern, Kleider öffnen zwecks Abkühlung, eventuell feuchte kühle Umschläge; wenn nicht bald Besserung eintritt, Notarzt rufen).

Auf dem Weg nach Castrojeriz geht es nun unter anderem noch einige Kilometer etwas erhöht an der Flanke eines markanten Hügelzuges auf hellem, mit Gras und Blumen durchwachsenen Feldsträßchen durch zauberhafte Flora. Die Blumen hier auf dem Weg und rundherum sind überwältigend, vollkommen stehen sie wieder einmal da in ihrer Pracht. Das Wandern hier in dieser Stille und Einsamkeit, unter blauem Himmel, weit und breit kein Mensch, ist unvergesslich. (Wie gut, dass die meisten Menschen lieber in Großstädten, zum Beispiel in Madrid, Tokio oder Sao Paulo wohnen wollen, als hier!).

Wie alles, endet auch diese Idylle wieder und ich komme auf eine kleine, von stattlichen Bäumen gesäumte, kaum befahrene Landstraße und auf dieser alsbald zu den Ruinen des direkt an der Straße liegenden Klosters San Anton aus dem 14. Jahrhundert. Hier seien im Mittelalter unter anderem leprakranke Pilger gepflegt und geheilt(?) worden.

Nach etwa einer halben Stunde, immer noch auf der etwas vereinsamten Landstraße gehend, erscheint nun von Weitem der Ort Castrojeriz in einer ockerfarbigen, steppenhaft anmutenden Umgebung, lang gezogen am Fuße eines kahlen Berges, auf dem eine große Burgruine thront. Ich komme zum Dorfanfang, und dort in die Pilgerstraße und nach etwa hundert Metern zu einer Herberge, in der ich mich, ohne lange zu überlegen, gleich einschreibe. Zwar macht sie keinen besonders vornehmen Eindruck – die Räumlichkeiten sind etwas düster und heruntergekommen und die Pilgerzusammensetzung scheint auch nicht gerade zum Jubeln Anlass zu geben – wenigsten ist aber meine eigene Stimmung im Moment erträglich. Dies bin ich natürlich auch der heutigen Etappe, die insgesamt eine recht erfreuliche war, schuldig, schon allein des Blumenparadieses wegen, durch das ich eben gerade gegangen bin.

Nun, immerhin amtet hier auch noch ein junger sympathischer Hospitalero, der mir für meinen Salat, den ich später zu präparieren gedenke, sogar noch mit seinem privaten Olivenöl aushelfen will. Nach erledigtem »Hausdienst« und der nach dreißig Kilometern wohlverdienten Ruhestunde begebe ich mich – fast schon ein fester Brauch – auf einen Spaziergang durchs Dorf. Auf der beinahe menschenleeren sirga peregrinal komme ich zur stattlichen Kirche, die gerade renoviert wird. Hier treffe ich einen älteren Österreicher, der unter anderem sagt, er sei von Niederösterreich aus gelaufen. Das wären dann bis Santiago gut und gerne gegen dreitausend Kilometer. Ein beachtliches Pensum also! Was die reich ausgestatteten, gewaltigen Kirchenbauten hier in Spanien betrifft, meint der Mann, das sei nicht mehr Gottes-, sondern Götzendienst. Ich enthalte mich einer Meinung, kenne ich doch die Geisteshaltung und Beweggründe der Urheber dieser Kirchen zu wenig bis gar nicht – leider.

Auf dem Retourweg kaufe ich in kleinem, spartanischem Laden noch Brot. Ich frage die alte Frau, ob es denn auch frisch sei, was sie eifrig bejaht. In der Herberge stelle ich aber dann fest, dass es mindestens von gestern, wenn nicht gar von vorgestern ist. Die alte Schachtel (sorry) hat mich reingelegt!

Überlege mir noch, ob ich auf die Anhöhe zur Burgruine hochgehen soll. Hatte vorher, als ich sie aus einer gewissen Distanz so majestätisch über dem Dorf thronen sah, Lust dazu verspürt. Obwohl ich bei der Ankunft – nach den dreißig Kilometern – das Gefühl hatte, gut nochmals zehn weitere laufen zu können, spüre ich nun aber doch etwas Müdigkeit und unterlasse es deshalb, nochmals die Wanderschuhe zu schnüren. Begebe mich früh zur Ruhe und schlafe den Schlaf des Gerechten ...

Dienstag, 05.06. – 17. Tag
Von Castrojeriz nach Frómista – 24 Kilometer

Ich marschiere um sieben Uhr los. Es ist kalt, etwa 5 Grad. Ein eisiger Wind weht. Ziehe die Kapuze der Regenjacke über die Ohren. Wenn ich welche hätte, würde ich mir auch Handschuhe anziehen. Doch wer denkt schon daran, Handschuhe nach Spanien mitzunehmen – im Frühsommer?

Außerhalb Castrojeriz geht es nun durch ein etwas eigentümliches, moorähnliches Teilstück. Durchquere es. Um nicht im Moor zu versinken, sind streckenweise solide Holzstege angelegt. Darauf zu gehen vermittelt einmal ein etwas anderes, eher laufstegartiges Gefühl. Dann, wieder auf rauem, normalen Grund, circa ein und einen halben Kilometer steil aufwärts auf einen Tafelberg. Nun, diesen Steilhang hier nur nicht zu hastig angehen. Mein Organismus schätzt es gar nicht, wenn er, noch halb im Schlaf, schon getrieben wird. Schließlich gut oben angekommen, geht es für etwa fünfhundert Meter flach ebenaus – ein Tafelberg eben! Anschließend ein kurzer, steiler Abstieg.

Eine reizvolle Landschaft mit weit und sanft geschwungenen Getreidefeldern liegt jetzt vor mir, da und dort und vor allem gegen den Horizont hin unterbrochen und gesäumt von verblüffend schön und gleichmäßig, wie von Menschenhand geformten Erhebungen und Hügeln, dies alles überdacht von einer wolkenlosen blauen Himmelskuppel.

Bin auf gepflegter Feldstraße über weite Strecken wieder allein. Kein Mensch, kein Auto, kein Traktor, obwohl alles Ackerbaugebiet ist, jedoch in der Wuchsphase, in der es auf den Feldern für Menschen nichts zu tun gibt (zurzeit macht der Herrgott wohl alles selbst!).

Nun, etwas später, zeigen sich doch ab und zu Pilger. Gelegentlich überholen sie mich. Einmal hole auch ich einen solchen ein. Es ist ein schätzungsweise fünfundvierzigjähriger Deutscher, von Beruf Arzt, wie sich herausstellt. Er ist mir aufgefallen durch sein langsames, ruhiges Gehen. Im Gespräch erfahre ich, dass es ihm darum geht, bewusst, achtsam, meditativ zu laufen. Und so wirkt er denn auch – ruhig, bescheiden, freundlich. Die Begegnung mit ihm gibt mir Anstoß, mein eigenes Gehen etwas näher unter die Lupe zu nehmen und es wird mir dabei klar, dass ich bis jetzt im Großen und Ganzen vor allem etwas zu schnell gegangen bin. Einerseits, um Leistung zu bringen und voranzukommen (um bis zum 25. Juni in Santiago zu sein), andererseits aber auch, um am Nachmittag jeweils noch einen Platz in der Herberge zu bekommen. Ich muss versuchen, in Zukunft ebenfalls langsamer zu gehen, vermehrt innezuhalten und bewusst wahrzunehmen, was gerade ist, ungeachtet dessen, ob die Herberge voll ist oder nicht.

Komme nach etwa zweieinhalb Stunden zur Kirche und Herberge San Nicolás. Es sei die außergewöhnlichste Herberge auf dem Jakobsweg, steht in meinem Führer. Die Kirche stammt aus dem 13. Jahrhundert und wurde von einer italienischen

Jakobsbruderschaft kürzlich renoviert. Die Herberge wird von italienischen Freiwilligen geführt, die für die Pilger kochen und die Wäsche waschen und ihnen vor dem Abendessen einen Fuß waschen. Nirgendwo sonst werde die mittelalterliche Tradition der Fürsorge so authentisch praktiziert.

Gehe weiter und komme nach zwei Stunden nach Boadilla del Camino mit den primitiven, originellen Häusern aus getrockneten Lehmziegeln, einem heutzutage doch eher selten verwendeten Baumaterial – doch wie es scheint, hält es, zumindest im Moment. Die Landschaft wird hier flacher und etwas eintönig. Es ist die Tierra de Campos, das Land der Felder also, prädestiniert für den Getreideanbau.

Nach Boadilla del Camino geht es nun etwa drei Kilometer an einem Fluss, dem Kanal von Kastilien, entlang. Außer am Bergbach von Canfranc nach Villanua am ersten Tag verlief der Weg noch nie länger an einem Gewässer. Somit ist es hier eine schöne Abwechslung, neben und mit dem sich flach und still dahin bewegenden Wasser zu laufen. Erinnert mich ein wenig an den Rheintaler Binnenkanal, der ähnlich ruhig und unhörbar floss und an dem wir als Kinder oft verweilten, dem Mysterium und der Faszination fließenden Wassers mit den darin gegen die Strömung stehenden Fischen hingegeben. Heute ist übrigens der seit mehr als hundert Jahren begradigte Kanal in Rüthi wieder vorbildlich renaturiert.

Der Kanal hier in Kastilien wurde schon im 18. Jahrhundert gebaut. Er ist etwa fünfzehn Meter breit und galt zu jener Zeit als überragende Ingenieurleistung. Geplant war er als Transportweg. Heute dient er der Bewässerung der Felder der Tierra de Campos.

An diesem Kanal überholen mich nun zwei etwa fünfundzwanzigjährige Frauen. Eine Dunkelhaarige und eine Blonde, beide gut gebaut und nicht unhübsch. Die Dunkelhaarige geht voraus, die etwas größere Blonde einige Meter hinterher. Das Besondere an den beiden ... sie grüßen nicht.

Im Allgemeinen grüßen sich die Pilger auf dem Jakobsweg – hier allerdings schon ein bisschen weniger als oben auf dem aragonesischen Weg, wo es insgesamt überhaupt, wie mir schien, ein wenig »familiärer« war. Und es sind meist jüngere Leute, die gelegentlich Grüßen als unnötig erachten, wie eben gerade diese beiden. Stelle fest, dass es mich ein wenig stört. Warum bloß? Könnte mir doch egal sein! Vielleicht bin ich aber noch ein wenig infiziert von einem Appell, dem ich kürzlich in einer bemerkenswerten Schrift begegnete. Ein Meister im Himalaja fragt da: »Warum lächelt ihr den Menschen nicht zu, die ihr nicht kennt, und die euch das Leben eine Minute oder eine Stunde lang gegenüberstellt?« Gute Frage! Sich in dieser »Disziplin« ab und zu ein wenig zu üben, könnte die Welt möglicherweise etwas freundlicher machen. – Da kommt mir mein früherer Arzt der Paracelsus Klinik in Niederteufen in den Sinn, der mich stets bei Konsultationen in seiner Praxis mit einem strahlenden Lächeln empfing und verabschiedete. Er hatte scheinbar den Meister begriffen! Vielleicht verstand er »Lächeln« zudem auch als Teil seiner Heilkunst, wer weiß! Dieser freundliche Arzt wird mir in bester Erinnerung bleiben!

Etwa um vier Uhr komme ich nach Frómista und treffe eine, wie mir scheint, recht gute, sympathische Herberge an. Ich melde mich bei der rührigen, gut gelaunten »Wirtin« und beziehe darauf mein Zimmer beziehungsweise den Schlafsaal. Die Dunkelhaarige und die Blonde sind auch da und – grüßen wiederum nicht.

Eröffne etwas später vor der Herberge mein Abendpicknick. Bin an kleinem Tischchen zusammen mit etwa fünfzigjährigem, ungefähr 1,90 Meter großem, athletischem Mann mit blauen Augen und leichter Adlernase. Wir tauschen uns etwas aus und ich erfahre, dass er Trevor heißt, Engländer ist, ehemaliger Geschäftsmann, momentan im Ruhestand. Wie er gesteht, verbringt er seine Zeit damit, die Welt zu bereisen.

Nach dem Imbiss gehen wir zusammen zur gegenüberliegenden, einzigartigen Kirche San Martín. Sie soll aus dem 11. Jahrhundert stammen und europaweit das Meisterwerk überhaupt der frühen Romanik sein. Es ist eine kleinere Kirche, strahlt aber mit ihren ausgewogenen Proportionen und ihrem schlichten Ornamentschmuck einen ganz besonderen Charme aus. Allerdings ist sie total renoviert, beziehungsweise in ihrer ursprünglichen Form fast neu ersetzt, und somit für meinen Geschmack in einem fast zu perfekten Zustand.

Nach der Besichtigung setzen wir uns in der Abendsonne auf die Umgebungsmauer der Kirche, lassen die Beine baumeln und unterhalten uns noch geraume Zeit, wenn auch meinerseits des verflixten englischen Wortschatzes wegen nicht gerade fließend, doch es geht ...

Mittwoch, 06.06. -18. Tag
Von Frómista nach Carrión de los Condes, 19 Kilometer

Heute geht es wieder in flachem Gelände auf neu angelegtem und mit großen Pylonen markiertem Rad- und Fußweg der Hauptstraße entlang, getrennt durch einen etwa drei Meter breiten Grünstreifen. Im Blickfeld wiederum ringsum ruhig daliegende Getreidefelder, herrlich grün, in allen Richtungen, so weit das Auge reicht. Im Norden, am fernen Horizont, sieht man das kantabrische Küstengebirge, das die riesige Ebene der Tierra de Campos begrenzt. Und immer wieder Blumen und nochmals Blumen. Was hat es mit all diesen Blumen auf sich? Ich weiß es nicht ... außer, dass sie wunderschön sind. Vielleicht hat jene Dichterin recht, die meinte, Blumen seien ein Gruß vom Himmel ...

Heute ist wieder gutes Wetter. Der Himmel ist leicht verschleiert und ein durchsichtiger Halbmond blickt etwas scheu herunter. Würde liebend gerne einmal auf ihm stehen und auf unsere prächtige Erde herunter blicken! Das Gehen (hier auf der Erde wohlgemerkt) ist anfänglich wieder einmal etwas mühsam, dann, eingelaufen, normal gut. Die linke Ferse meldet sich zwar ein wenig ... Grund, defektes Schuh-Innenleder.

Nach fünf ruhigen, ereignislosen, zufriedenen Wanderstunden erreiche ich Carrión de los Condes. Habe unterwegs, außer Blumen und Getreidefeldern, doch immerhin auch noch drei Feldhasen gesehen sowie ein paar Mäuse, die dann und wann eilig den Weg kreuzten. Wildtiere zu sehen – auch wenn es nicht gerade Tiger und Elefanten sind – ist immer wieder etwas Prickelndes, Aufregendes – wahrscheinlich ein Relikt, das uns Menschen noch aus der Jäger- und Sammlerzeit geblieben ist.

Was die Tierwelt betrifft, fällt mir auf, dass es hier in Spanien wenig Insekten gibt. Nach Bienengesumm und Grillenzirpen horcht man fast vergeblich. Dafür gibt es Störche – und zwar viele. Immer wieder, praktisch in jedem Dorf stehen sie auf ihren enormen Nestern, bevorzugt auf Kirchen und Kirchtürmen, oder sie segeln, die langen Beine nach sich ziehend, elegant im Gleitflug darüber hinweg. Eher selten sieht man sie auch auf Futtersuche draußen im Gelände stehen.

Begebe mich nun auf direktem Weg in die im Führer angekündigte authentische Pilgerherberge. Sie befindet sich mitten in der Stadt im Kloster Santa Clara aus dem 13. Jahrhundert. Sie wird von Ordensschwestern und dem Pfarrer geführt. Es ist eine angenehme Unterkunft mit geräumiger Küche sowie großem Innenhof mit Garten. Die Blonde und die Dunkelhaarige sind übrigens auch wieder da – sogar Bettnachbarn sind wir heute. Ob sie grüßen ... keine Spur! Ich gebe es auf und beschließe, sie in Zukunft auch zu ignorieren.

Einer fernöstlichen Pilgerin zwei Betten weiter geht es übrigens hier nicht gut. Ein Arzt kommt, sie muss ins Spital eingeliefert werden. Ist bedauerlich – kann jedoch vorkommen.

Mache mich nochmals kurz auf die Socken, um neue Schuhe zu kaufen. Noch eine Etappe mit den alten könnte problematisch werden, ist doch meine Ferse schon im Begriff, den Anfang einer Blase zu produzieren, was gar nicht in meinem Sinne ist. Habe beim Einmarsch in den Ort ein respektables Sportgeschäft gesichtet. Dorthin wende ich nun meine Schritte.

Im Laden nimmt sich ein älterer, freundlicher und anscheinend kompetenter Verkäufer alle Zeit, mich gut zu beraten. Am Schluss entscheide ich mich für ein eher unscheinbares und in der Farbe nicht ganz meiner Vorstellung entsprechendes Modell, jedoch mit perfekter Passform und in guter Qualität. Der ältere Herr meint noch, er garantiere, dass ich mit diesen Schuhen problemlos nach Santiago laufen werde. Nun, gewöhnlich heißt es, nicht mit neuen Schuhen auf den Jakobsweg ... also, man wird sehen! Übrigens, welch ein Timing. Genau zum richtigen Zeitpunkt am richtigen Ort standen neue Schuhe bereit.

Später dann Abendessen (Pilgermenü) im nahen Restaurant. Komme am Zweiertischchen zusammen mit »Patty« (Patrik), einem etwa fünfundsechzigjährigen netten Irländer. Er strahlt Ruhe und Gemütlichkeit aus. Das Abendessen nimmt denn auch einen dementsprechend angenehmen, unterhaltsamen Verlauf und das Menü selbst liegt auch noch in der Toleranz. Später, auf meinem Spaziergang durchs Städtchen, sehe ich ihn gleich noch einmal, diesmal sitzt er allein in einer Gartenwirtschaft, freundlich lächelnd seine Pfeife schmauchend, wohl den verdienten Feierabend genießend.

Begegne in der Fußgängerzone auch noch dem deutschen Arzt von gestern. Wir unterhalten uns ein wenig, wobei er mir unter anderem noch einen wertvollen Tipp für meinen Leistenbruch gibt. Der Mann, für seine 48 Jahre sehr jugendlich wirkend, macht erneut einen sympathischen Eindruck. Wir vereinbaren, beim nächsten Zusammentreffen gemeinsam ein Bier zu stemmen. (Wir hätten es gleich tun sollen, denn wir begegneten uns leider auch nicht mehr.)

Carrión de los Condes ist übrigens ein nettes Städtchen mit 2 500 Einwohnern. Besichtige die Kirche Santiago aus dem 12. Jahrhundert, insbesondere deren reiche, schöne Fassade. – Vor dem Essen beteiligte ich mich, neben vielen andern, auch noch an kleinem »Pilger-Event«, das in der Kapelle des Klosters stattfand. Der rührige Pfarrer sprach in schönen Worten und man versuchte, ein wenig gemeinsam zu singen. Nun, bedenklicher als die heute auf der ganzen Welt allgegenwärtige Popmusik war es denn doch auch wieder nicht!

Donnerstag, 07.06. – 19. Tag
Von **Carrión de los Condes** nach **San Nicolás** – 33 km

Lasse meine guten alten Trekkingschuhe im Gestell, ziehe aber, um den Trennungsschmerz etwas zu lindern, wenigsten noch die fast neuen Schuhbändel heraus und nehme sie mit. (Ihnen sollte später ein ungeahntes Geschick widerfahren!)

Ich verlasse Carrión de los Condes im Morgengrauen. Komme außerhalb des Städtchens am Kloster San Zoilo vorbei, einem Renaissancebau mit bedeutendem Kreuzgang. Leider kann ich es nicht besichtigen, da frühmorgens noch geschlossen, muss es ein andermal – hoffentlich schon bald – möglichst nachmittags besuchen!

Es geht nun zuerst auf kleinem asphaltiertem Nebensträßchen, zu dieser Zeit ohne jeglichen Autoverkehr, immer geradeaus. Vor und hinter mir sind einige Pilger unterwegs, unter ihnen auch der bisher »verrückteste«, höre ich doch hinter mir zuerst verhaltenes, dann aber immer stärker werdendes Singen/Johlen, das sich schnell nähert. Als ich mich umschaue, kommt ein junger Mann mit Stöcken in einer unglaublich dynamischen Art und Weise »nordisch dahergewalkt«. Er scheint fast vor Energie zu bersten und der Jakobsweg macht ihm sichtlich dermaßen Freude, dass er diese gleich am frühen Morgen in eben nicht gerade gepflegtem, dafür umso spontanerem, unbekümmertem und vor allem lautem Gesang entlädt. Er schwenkt dazu elegant die Hüften und scheint insgesamt fast mehr über die Straße zu schweben als zu gehen. Seine Geschwindigkeit ist fast doppelt so groß wie die normaler Pilger, sodass man ihm nur noch verblüfft und amüsiert hinterherschauen kann. War übrigens ein junger Spanier, dem ich schon zweimal in Herbergen begegnet bin.

Nach etwa vier Kilometern Nebensträßchen zweigt der Jakobsweg nun auf eine nicht gerade komfortable Schotter-Feldstraße ab, die sich dreizehn Kilometer lang etwas eintönig schnurgerade durch die Ebene zieht. Wiederum ausschließlich Kornfelder in allen Richtungen, so weit man sieht. Ein schöner, beruhigender Anblick. Außer dem schönen Anblick gibt es ja dann davon auch noch Brot, voraussichtlich sogar ziemlich viel, wenn man die riesigen Felder hier in Betracht zieht ...

Nach etwa zwei Stunden taucht mitten im Feld ein mit Containern improvisiertes »Bar-Restaurant« auf. (Da hatte jemand eine Idee!) Trinke hier wieder mal einen Kaffee. Diesmal mit 2.50 Euro etwas teuer scheint mir, und nicht unbedingt vom Besten. Frage vor dem Weitergehen den Wirt der Ordnung halber noch mal schnell nach dem Preis, worauf er antwortet, er habe geglaubt, ich hätte zwei gehabt (Schlitzohr!).

Komme nach weiteren drei Stunden im Dörfchen Calzadilla an. Hier geht es nun etwas weniger flach weiter. Nach Durchquerung des aus einfachen alten Allerweltshäusern und Scheunen bestehenden Dörfchens gelange ich an eine Weggabelung mit einer großen hölzernen Orientierungstafel. Darauf wird eine vier Kilometer lange Nebenroute angegeben. Ich entscheide mich für diese, ohne zu wissen, was mich erwartet.

Es geht nun auf schönem Natursträßchen leicht bergauf. Landschaftlich wird es von Mal zu Mal interessanter, wilder, urwüchsiger. Ein fast unberührtes Gebiet mit ausgedehnten Blumenwiesen, Hecken und viel niedrigem, knorrigem Zwergeichenwald. Kein Mensch, auch kein anderer Pilger, scheint auf dieser Route zu sein. Es herrscht sommerliche Stille. Dann und wann ein Schmetterling. Ab und zu zieht ein Raubvogel am blauen Himmel seine Kreise.

Mache nun an schattigem Platz am Waldrand – mit Blick auf eine weite, fast unbewegt daliegende Magerwiese – Mittagsrast. Wende mich nach fünfstündigem Marsch mit Appetit meinem Picknick zu. Bin vollkommen zufrieden mit meinem momentanen Los. Spüre ein wenig so etwas wie die »Leichtigkeit des Seins«, wie man heutzutage so schön sagt.

Nach der restlichen Durchwanderung der entzückenden Nebenroute geht es weiter durch ein ebenfalls attraktives, sanft-hügeliges Teilstück mit Getreidefeldern in verschiedenen Grüntönen. Anschließend verläuft der Pilgerweg einige Kilometer weit parallel zur Landstraße; zwischen Weg und Straße mannshoher, herrlich riechender gelber Ginster.

Nach 27 Kilometern strebe ich eine Herberge an. Leider ist sie schon voll belegt. Die Wirtin versichert mir aber, wenn ich gleich weiterliefe, habe es in der nächsten noch Platz. Eigentlich sind meine Kräfte hier für heute beinahe erschöpft und nochmals sechs Kilometer bis zum nächsten Refugio zu laufen, erscheint mir nun wie ein Marathon. Doch belegt ist belegt, sodass mir nichts anderes übrig bleibt, als mich zu verabschieden und irgendwie weiterzuwandern.

Der Weg geht wiederum durch gepflegte Flur- und Feldlandschaft in schön und sanft gewellter Topografie. Als ich zwischendurch einmal so hinter mich schaue, sehe ich aber in einiger Entfernung eine Figur mit Rucksack zügigen Schrittes daherkommen. Schlagartig geht mir durch den Kopf: »Halt, der darf mich jetzt nicht überholen. Das möglicherweise letzte Bett brauche ich heute selbst.« Ich versuche, meinen Vorsprung mit etwas erhöhtem Tempo zu halten. Ob wohl Franz von Assisi seine Schritte auch so egoistisch beschleunigt hätte? Kaum, vielmehr, so wie ich ihn kenne, hätte er das letzte Bett für seinen nachkommenden Mitmenschen in Nächstenliebe frei gehalten. Aber eben darum wurde er ja auch heiliggesprochen – und ich nicht!

In der Privatherberge mit Restaurant angekommen, sagt der Wirt: »Alles belegt!« Hoppla, das tönt nicht gerade freundlich, will sagen erfreulich. Ich versuche, ihm klar zu machen, dass mir die Wirtin in der letzten Herberge hier sozusagen ein Bett zugesichert habe und zudem könne ich schlicht und einfach nicht mehr weiter, meine Reserven seien ausnahmsweise einmal total erschöpft. Auf diese klare, überzeugte Aussage hin besinnt er sich kurz und bietet mir im ersten Stock das Sofa beim Treppenaufgang an, für fünf statt sieben Euro, weil es möglicherweise etwas unbequem sein könne. Es bleibt mir nichts anderes übrig, als anzunehmen, nicht ahnend, wie unbequem es dann tatsächlich sein würde.

Der kleine Martin und der immer freundlich lächelnde Trevor übernachten übrigens ebenfalls hier und wir trinken in meiner »Suite« zusammen noch ein Bier. Setze mich nachher in den sonnigen »Patio« mit schönem Rasen und hübschen Tischchen. Auf einer Seite ist die Waschgelegenheit für Kleider platziert sowie Wäscheleinen mit zum Trocknen aufgehängten Textilien , was aber das gemütliche Ambiente überhaupt nicht schmälert, sondern im Gegenteil etwas Familiär-Geborgenes evoziert.

Ich studiere in meinem Reiseführer ein wenig die morgige Etappe, wechsle da und dort ein paar Worte mit Mitpilgern und schaue zwischendurch unverbindlich etwas in die Runde. Da sitzt doch ganz in meiner Nähe eine recht hübsche Blonde, vielleicht Mitte dreißig, in kurzem Sommerkleidchen, eines ihrer schönen Beine auf den Stuhl hochgezogen, etwas gar gewagt inmitten zahlreicher Gottessucher, und tut, als ob nichts wäre. »Nach allgemeiner Sitte ist das nun schon hart an der Grenze des Erlaubten!«, urteilt der Biedermann in mir. – Möglicherweise verwechselt sie die Situation hier aber mit der in einem Freibad oder sie denkt, es tue ja niemandem weh, vor allem den Männern nicht ...

Später dann relativ gutes Standardpilgermenü im Restaurant. Bin bei Tisch zusammen mit einem etwas sonderbaren spanischen Ehepaar (wie ich wohl auf sie gewirkt haben mag?) und die Konversation holpert denn auch dementsprechend.

Nach dem Essen gehe ich noch ein wenig außerhalb des Weilers in den Feldern spazieren. Ruhig, wie schicksalergeben liegen sie da in der Abendstille. Begegne hier einem älteren Einheimischen, der mit dem Velo unterwegs ist. Wir unterhalten uns auf dem Feldweg eine Weile. Auf meine Bemerkung, hier in Nordspanien gäbe es diese riesigen Getreidefelder, jedoch sehe man nie einen Bauernhof oder Schuppen, meint der Mann: »Jedes Dorf hat seine Maschinen.« Wo die denn nun versteckt seien, frage ich ihn, um nicht zu indiskret zu werden, nicht mehr.

Normalerweise begegnet man auf dem Camino Frances – abgesehen von größeren Dörfern und Städten – kaum Einheimischen. Es hat natürlich ohnehin wenig Einwohner in den oft halb verlassenen Dörfchen und Weilern, und die Wenigen scheinen um diese Zeit auf den Feldern nichts »verloren« zu haben.

Übrigens, die neuen Schuhe sind tipptopp, mehr kann man von einem Schuh nicht erwarten! Highlights des Tages: die traumhafte Nebenroute , fast auf der ganzen Etappe Blumen, zum Teil wahre Bouquets und richtige »Blümchenpolster«, besonders auch die kleinen Blauen und immer wieder Myriaden von zur Sonne blickenden Margeriten. Bin auch wieder einem kleinen Hasen und drei Mäusen begegnet ...

Freitag, 08.06. – 20. Tag
Von **San Nicolás** nach **El Burgo Ranero** – 26 km

Schlafen und Wachen auf dem Sofa hielten sich in etwa die Waage! Wenn ich mich nicht täusche, habe ich mich auf dem zu kurzen »Bett« ungefähr alle Viertelstunden umgedreht. Fand aber trotzdem noch Zeit zu träumen. Wölfe umzingelten mich, kamen immer näher und näher – bis ich noch rechtzeitig aufwachte.

Heute geht es auf neu angelegtem Jakobsweg parallel zu kleiner Landstraße immer geradeaus. Am Wegrand stehen so alle sieben Meter junge, im Schnitt vier bis fünf Meter hohe Platanen. Sie machen den hier etwas eintönigen Weg interessanter und werden den Pilgern dereinst im Sommer bei Temperaturen um 40 Grad wohltuenden Schatten spenden. Heute spielt es keine Rolle, dass der Weg noch nicht von Laubwerk überdacht ist, denn die Temperatur ist momentan in einem Bereich (ca. 25 Grad), in dem das Laufen in der Sonne angenehm, ja geradezu ideal ist. Und, ich muss mich wiederholen, entlang des Weges über lange Strecken köstlich riechender Ginster und, wie könnte es anders sein, überall Feldblumen, am Wegrand und in der Weite, ganze Wiesen weit.

Bin heute eine halbe Stunde mit Trevor gelaufen. Trevor hat übrigens einmal ein wenig über die vielen Schnarcher gespöttelt, nun musste ich ihm sagen, dass er vorletzte Nacht selbst ganz tüchtig mitschnarchte ... Das hat ihn sichtlich etwas überrascht. Trevor scheint ein sensibler Mann zu sein, und manchmal, wenn wir so schweigend nebeneinanderlaufen, gibt er alle paar Minuten einen kleinen, nicht unsympathischen Seufzer von sich. Würde gerne wissen, was es bedeutet. Trevor ist von eher zurückhaltender Natur und eine gewisse Noblesse ist ihm nicht abzusprechen. Auch ohne Worte kommt von ihm stets etwas sehr Angenehmes, Freundschaftliches herüber.

Stelle erneut fest, dass es gut ist, ab und zu ein wenig mit jemandem gemeinsam zu laufen, für mich ist aber der Alleingang grundsätzlich immer noch das Beste. Kann leider nicht endlos plaudern. Und wenn dann der Weg auch dazu dienen soll, vielleicht gelegentlich einmal so etwas wie eine göttliche Stimme zu vernehmen, könnte Schweigen vermutlich doch die bessere Variante sein ... Hole aber etwas später dennoch eine jüngere, spanische Pilgerin ein und laufe kurz mit ihr. Sie heißt Rosario und scheint den Weg ebenfalls eher bedächtig und besinnlich zu gehen.

Etwas später, kurz vor El Burgo, laufe ich für eine Viertelstunde auch noch mit einem etwa fünfundvierzigjährigen Deutschen. Er spricht unter anderem über das bekannte Buch »Ich bin dann mal weg« (auf dem Jakobsweg) , das kürzlich herauskam und meint, er finde es gut. Nun, ich hörte auch schon Gegenteiliges, denke aber, wenn es ein Bestseller geworden ist, muss irgendetwas dran sein. Und dann, so nebeneinander gehend und nichts Schlechtes ahnend, falle ich plötzlich wie vom Blitz getroffen der Länge nach platt auf die Straße. Für meinen Begleiter war die Überraschung wohl größer als für mich selbst. Ich wusste schon im Hinfallen mehr oder weniger, was passiert war. Die obersten Haken auf der Innenseite meiner neuen Schuhe, die ich zwecks Einlaufen nicht mit eingeschnürt hatte, verfingen sich perfiderweise. Somit waren meine Füße blockiert, der Oberkörper aber immer noch in Vorwärtsbewegung, was zum unvermeidlichen, jedoch »perfekten« Sturz führte. Zum Glück trage ich nur eine Schürfung am Arm davon. Hätte schlimmer sein können, bis zu einem Nasen- oder Armbruch.

Komme nun relativ früh in El Burgo Ranero bei der noch geschlossenen Herberge an. Der deutsche »Kollege« läuft noch eine Herberge weiter. Die Rucksäcke werden hier in der Reihenfolge der Ankunft in Einerkolonne vor die Tür gestellt – sie reicht schon fast bis zur Straße.

Setze mich, um die Wartezeit zu überbrücken und auch eines kühlen Bieres wegen, zu andern Pilgern in die gegenüberliegende Gartenwirtschaft. Trevor, der längere Beine hat als ich, ist naturgemäß auch schon wieder hier.

Unter einer kleinen Schar von Pilgern und Pilgerinnen, die da gerade anwesend sind, ist auch ein stämmiger, etwa sechzigjähriger Mann mit kantigem Gesicht, ich glaube, er ist Engländer. Er sieht ein wenig aus wie ein Bierbrauer oder Metzger, könnte aber ohne Weiteres auch den Bösewicht in einem Western oder Krimi geben. Er zeigt stets ein heitergrimmiges Gesicht und seine Spezialität ist Folgende: Er fängt – ich erlebte ihn kürzlich schon einmal in einer Bar mit einer etwas spröde wirkenden Wirtin – wenn eine oder mehrere Frauen in seiner Nähe sind, wie eben auch jetzt, unverzüglich, spontan und ganz offen und ungeniert an zu flirten. Er macht den Frauen Komplimente, fragt unter anderem schnell einmal, die Stimme etwas senkend, ob sie heute Abend frei wären, kommt zwischendurch ins Seufzen und schaut ihnen tief in die Augen. Im Dialog, wenn die Frauen dann dies oder jenes erwidern, reagiert er auf jede Bemerkung mit größtem Charme und Einfallsreichtum. Für sein eher grobschlächtiges Äußeres redet er verblüffend nuanciert und sanft, als ob ihm alles ungemein ans Herz ginge. Man glaubt kaum, dass es gespielt und ein riesiger Spaß ist, den er da abzieht, mit dem er die Anwesenden und wahrscheinlich auch sich selbst unterhält. Wahrlich, ein begnadeter Schauspieler.

Er erinnert mich an meinen Cousin Ernst, der ebenfalls ein »großer« Schauspieler war und der in meiner Heimatgemeinde Rüthi Mitte des letzten Jahrhunderts viele Jahre bei den »Jünglingen« und andern Vereinen die Hauptrolle in den alljährlich aufgeführten Theaterstücken spielte. Als Laiendarsteller zog er jeweils die ganze Gemeinde dermaßen in Bann, dass man, besonders bei seinen dramatischsten Monologen, in der gebannten Stille das Fallen einer Stecknadel hätte hören können. Ernst war ein außergewöhnliches Talent und ich war hingerissen von seiner Kunst. An eine große Bühne hat er es dann aber leider trotz Talent doch nicht geschafft – wie so viele vor und nach ihm!

Nun ist der Herbergsleiter gekommen und hat die Tür geöffnet. Man begibt sich hin und lässt sich einschreiben. Ein sympathischer Hospitalero und eine gute Herberge scheint mir. Und wieder die übliche Herbergsroutine.

Später, nach den 26 Kilometern mich einmal mehr auf meiner Matratze etwas ausruhend, höre ich durch die offene Tür aus dem andern Schlafsaal die Stimme von Martin, meinem einundsiebzigjährigen deutschen Pilgerfreund. Er unterhält sich scheinbar gerade angeregt mit jungen Mädchen und spricht unter anderem über »das Wunder von Bern«, Wankdorf, Fußballweltmeisterschaft 1954, Finale – Deutschland siegt – die Sensation! Kurz darauf höre ich noch, wie er in vertraulichstem, unschuldigstem Ton und so sachlich wie nur etwas sagt: »Ich bin schon über dreißig ...«. Die Mädchen lachen – ich, schmunzle auf meinem Bett ein wenig vor mich hin.

Da kein weiterer Spaß von Martin mehr folgt, raffe ich mich nochmals auf und gehe kurz in den Lebensmittelladen in der Nähe der Herberge, um einzukaufen. Der Laden ist sehr gepflegt und tadellos organisiert. Verkäuferin scheint die Chefin selbst zu sein, eine souveräne, sympathische und zudem – hier in Spanien eher die Ausnahme – geradezu schöne Frau. Mache nachher »zu Hause« einen gemischten Salat mit Thunfisch.

Unterhalte mich etwas später im Aufenthaltsraum noch kurz mit einer jungen, etwas scheu wirkenden Japanerin, ehe wir uns ein Stockwerk höher zur Ruhe legen.

Samstag 09.06. – 21. Tag
Von **El Burgo Ranero** nach **Puente de Villarente** – 27 Kilometer

Landschaftlich ist es noch immer ziemlich flach, im Großen und Ganzen jedoch zur Abwechslung einmal nicht mehr so reizvoll. Je näher man der Stadt León kommt, desto unattraktiver zeigt sich die Umgebung. Der Weg geht wiederum mehrere Kilometer parallel zur Landstraße und ist, wie schon gestern, immer noch durchgehend mit jungen Platanen bepflanzt.

Das letzte Viertel des Weges muss nun aber auf der stark frequentierten Hauptstraße selbst bestritten werden; ich laufe vorsichtshalber dicht am linken Straßenrand. Übrigens, wenn man so lange zu Fuß gegangen ist, scheint es, die Autos würden rasen und das Ganze kommt einem unnatürlich, fast brutal vor. Wie schön und gemütlich muss es doch gewesen sein, als es nur Pferdefuhrwerke gab ...

In Villarente angekommen, treffe ich unverhofft eine sehr gute, neu eröffnete Herberge mit gediegen rustikaler Eingangshalle an. Hier lerne ich unter anderem noch Hansjörg aus Romanshorn kennen, einen dreiundsechzigjährigen ehemaligen Postverwalter, der den Jakobsweg in Konstanz begonnen hat (eine beachtliche Wanderung, beneidenswerter Mann!). Er spricht wie ein Buch und weiß über alles und jedes Bescheid.

Nachdem mir eine Pilgerin noch gezeigt hat, wie's geht, sehe ich am Herbergs-PC kurz nach meinen E-Mails.

Etwas später Abendessen in schönem, traulichem Ambiente, zu siebt, darunter auch die »hübsche Blonde von San Nicolás« (diesmal sitzt sie brav und gesittet auf ihrem Stuhl ...). Es gibt einen vorzüglichen mit Eiern und Thunfisch garnierten gemischten Salat, eine hervorragende Tortilla und akzeptablen Wein. Dies alles für 10 Euro. Schreibe das Rezept der Tortilla auf und hoffe, dass sie mir zu Hause annähernd so gut gelingen möge (was dann, wie zu vermuten ist, nicht der Fall war!).

Mache noch einen kleinen Spaziergang in der Nähe der Herberge, aber außer ein paar schönen Pferden samt einem übermütigen, Freudensprünge ausführenden kleinen Füllen auf der angrenzenden Wiese läuft nicht mehr.

Dies war nun, von der tagebuchbezogenen Ausbeute her gesehen, ein eher magerer Tag. Aber nicht, dass ich mich schlecht fühlen würde. Nein, im Gegenteil, es geht mir ziemlich gut. Stundenlanges, gleichmäßiges Gehen ist ja eine Art Meditation, woraus manchmal, wie aus dem Nichts, eine Ruhe und Zufriedenheit erwächst, wie es im normalen Alltag kaum je geschieht ...

Sonntag, 10.06. – 22. Tag
Von **Puente de Villarente** nach **León** – 12 Kilometer

Es geht heute bei Gewitter und danach einigen Aufhellungen durch wiederum eher unattraktive Umgebung. Hässliche Schuppen sowie Industrie- und andere Bauten, verlotterte, schräg stehende Zäune, alte Gerätschaften und einiges mehr laden hier nicht gerade zum Malen ein. Trotzdem läuft es sich angenehm. Spüre bei jedem Schritt Energie und Kraft, die mir Gott sei Dank zur Verfügung stehen, und die mich immer weiter voranbringen auf meinem Jakobsweg.

Ich komme um halb elf in León an. Finde die Herberge im Benediktinerkloster an der Plaza del Grano problemlos. Sie ist noch geschlossen. Somit werden die Rucksäcke wieder in Einerkolonne vor die Tür gestellt. Trevor ist einmal mehr auch schon hier. Sein und mein Rucksack führen heute die Kolonne an. Wir werden also ganz bestimmt ein Bett bekommen!

Es sammeln sich hier mit der Zeit viele Pilger an. Dies ist in großen Städten so, weil da viele ihren individuellen Jakobsweg beginnen. Die Herbergen sind denn an diesen Orten auch entsprechend groß. Diese hier hat über hundert Schlafstellen, gute Sanitäranlagen, jedoch im Kontrast dazu eine Miniküche.

Nach erfolgter Einquartierung lege ich mich zwecks kurzer Entspannung auf die obere Matratze meines gewählten Bettes. Es war keine gute Wahl! Nach nur fünf Minuten beginnt es auf der Liege unter mir zu schnarchen. Ich packe meine sieben Sachen zusammen und flüchte in den Schlafsaal nebenan. Hier herrscht Ruhe, wenigstens im Moment.

Am Nachmittag besichtige ich zusammen mit Martin die elegante, prächtige, im 13./14. Jahrhundert im Stil der französischen Gotik erbaute Kathedrale, die schönste in Spanien, wie es heißt. Sie hat unter anderem etwa 200 bemalte Fenster. Wir sehen uns auch die Kirche San Isidoro an, dann das ehemalige Kloster San Marcos – jetzt ein feudales Hotel – mit unter anderem einer riesigen, wunderschönen antiken Holzdecke im Restaurant rechts neben der Eingangshalle. Hier setzen wir uns kurz hinein. Auf einem großen TV-Bildschirm läuft gerade das French-Open-Finale »Federer versus Nadal«. Auch wenn ich sonst ein wenig stolz bin auf »unseren« Roger Federer, interessiert mich, und ebenso Martin, Tennis im Moment nicht besonders. So verlassen wir das Restaurant bald wieder und setzen die Stadtbesichtigung fort. Wir begegnen auch noch Trevor, der ebenfalls auf »Sightseeing« ist, gehen zu dritt weiter.

León war schon ein Stützpunkt der Alten Römer. Es besitzt eine reizvolle Altstadt und weist viele historische Denkmäler auf. Heute ist León eine moderne Provinzhauptstadt in der Größenordnung von 150 000 Einwohnern.

Nach getaner »Arbeit« – Besichtigungen strengen manchmal mehr an als Wandern – trennen wir drei uns wieder. Ich begebe mich auf den Weg Richtung Herberge, finde sie aber beim bestem Willen nicht und muss fragen. Ist mir peinlich. Tue es ungern. Etwas später in der Herberge erinnere ich mich wieder einmal an das Ablaufdatum meiner Reisekrankenversicherung (25.06.), was mich veranlasst, gleich zu Fuß schnell zum etwa einen Kilometer entfernten Busbahnhof zu gehen, um für morgen früh eine Fahrt nach Hospital de Órbigo zu reservieren. Die 34 Kilometer, die es bis dorthin sind, mit dem Bus hinter mich zu bringen, scheint mir im Moment angemessen. Reserviere also und begebe mich gleich wieder auf den Rückweg zur Herberge. Schreibe hier noch Tagebuch, unter anderem:

Werde den traurigen Anblick eines kleinen Hündchens, ein Yorkshireterrier mag es gewesen sein, nicht los, dem ich am Nachmittag in der Altstadt begegnete. An der Leine seiner jungen Herrin schaute es, als ich vorbeikam – zitternd, mit herzerschütterndem Blick, einer Mischung aus Angst, Sorge und Verzweiflung – immer wieder zu ihr hoch. Diese bemerkte es aber, da sie mit jemandem im Gespräch war, offenbar nicht. Mir schien, als zeige sich in dieser kleinen Kreatur wieder einmal das Leid sämtlicher Tiere der Welt ... Ich weiß nicht, was ihm fehlte. Und jetzt, ein paar Stunden danach, lässt mich das Gesehene nicht los, erbarmt mich das Hündchen noch immer, und ich werfe mir vor, mich nicht näher darum gekümmert zu haben.

Montag, 11.06. – 23. Tag
Von **León** nach **Hospital de Órbigo** – Busfahrt 34 Kilometer
Von **Hospital de Órbigo** nach **Astorga** – zu Fuß 19 Kilometer

Frühstücke in der kleinen Herbergsküche. Sie ist randvoll mit Pilgern. Da die meisten die Herberge ungefähr um die gleiche Zeit verlassen wollen, entsteht vorübergehend ein ziemliches Gedränge. Es bleibt aber dennoch ruhig und gesittet.

Was mir hier im Getümmel noch besonders auffällt: ein älterer Herr mit markanten Gesichtszügen, wahrscheinlich ein freiwilliger Herbergshelfer. In der Küche steht er mit je einem Krug in den Händen bescheiden da und schenkt den Pilgern wahlweise Kaffee oder Tee in die hingehaltenen Tassen. Er tut es behutsam, konzentriert. Er strahlt Ruhe und Beständigkeit aus. Auf seinem Gesicht spiegeln sich Geduld und milde Ernsthaftigkeit ...

Mit diesem Eindruck verlasse ich die Herberge und laufe etwas schlechten Gewissens (man kommt als Fußpilger nicht drum herum!) zum Busbahnhof. Der Bus fährt mit 45 Minuten Verspätung ab. Scheint mir etwas viel, doch in Anbetracht der sensationell günstigen Preise des Transportgewerbes in Spanien muss ich wohl ein Auge zudrücken! Zudem erwartet mich in Órbigo ja niemand. Muss dort einfach nur weiterwandern, sonst nichts – wann auch immer.

Nun aber, dem Bus in Órbigo entstiegen, kann ich das überraschenderweise nicht, weil ich nichts sehe, das aussieht wie ein »echter« Jakobsweg. Wohin ich auch schaue und gehe, es gibt sich kein Pfeil zu erkennen. Frage schließlich einen Einheimischen. Circa einen Kilometer seinem Rat folgend, scheint es mir irgendwie immer noch nicht das Richtige, denn auch hier zeigt sich nirgends eine Spur von gelber Wegmarkierung. Ich schlage deshalb eine Richtung ein, die ich selbst für wahrscheinlicher halte, frage aber etwas später vorsichtshalber noch eine Frau, die gerade mit dem Velo daherkommt, ob es hier irgendwo nach Santiago gehe. Sie hält an, steigt ab und antwortet mir verunsichertem Wanderer freundlich: »Ja, gleich da vorne links.« Und so ist es.

Es geht nun durch Felder, die kreuz und quer von kleinen Wasserkanälchen durchzogen sind. Solche Bewässerungsanlagen sieht man in Nordspanien oft, nur hier sind es besonders viele der munteren Bächlein, und das Wasser eilt nur so dahin, obwohl das Gelände topfeben ist – oder scheint. Was es dermaßen in Bewegung hält, ist mir nicht ersichtlich.

Anschließend komme ich auf einen kleinen Pfad, der attraktiv savannenartig ein Stück weit durch mannshohes Gras führt, und erreiche etwa um ein Uhr das Dörfchen »Villares de Órbigo«. Trinke hier in einer Bar »meinen« Kaffee und wechsle kurz ein paar Worte mit den zwei älteren australischen Pilgerinnen, die außer mir noch im einfachen aber gefälligen Restaurant anwesend sind.

Von hier geht es etwa eine halbe Stunde auf kurvenreichem Natursträßchen mäßig aufwärts und im Weiteren abwechselnd auf und nieder durch leicht hügeliges Gelände mit reizvollen Ausblicken und wiederum idyllischen landschaftlichen Szenarien. Abwechslungsweise wilde Wiesen mit karger, aber reizvoller Vegetation sowie Kornfelder in ihren, je nach Getreidesorte diversen verblüffend schönen Grüntönen. Dann der rote Mohn, die blauen Kornblumen, eine kleine Sorte von Margeriten und, wie Juwelen, kleine gelbe Blümchen mit purpurnem Zentrum, die über lange Strecken immer wieder zu Abertausenden wie kleine Kinderchen am Wegrand stehen.

Und noch eine Blume erfreut die Pilger. Es ist eine Rose, jedoch keine gezüchtete, sondern die schlichte wilde Buschrose. Nicht nur heute, beinahe auf allen bisherigen Etappen standen die blütenübersäten Büsche immer wieder festlich am Wegrand, manchmal geschlossen über Hunderte von Metern, die zarten, weiß bis weiß-rosa Blüten dem geneigten Naturfreund zugewandt ...

So vor mich hin gehend, kommt mir wieder einmal Foxli in den Sinn. Wäre was, ihn hier dabei zu haben, mit ihm zu laufen, und, was er über alles schätzt, zu picknicken, oder besser gesagt, zu fressen! Ist leider unmöglich, denn zum einen darf man keine Hunde in die Herbergen mitnehmen, und zum andern könnte er die Strapazen gar nicht bewältigen, obwohl er erst dreieinhalb Jahre alt ist. Hatte er doch schon Mühe, als es kürzlich in Yasica (DomRep) ein wenig bergauf ging. Da konnte er nach einer knappen Stunde kaum mehr und war heilfroh, auf dem zufällig gerade mit uns laufenden Maultier reiten zu dürfen, akzeptierte er doch kleinlaut den ihn hoch zu Ross haltenden fremden jungen Mann ohne Weiteres, was er im Normalfall nie täte. Somit wären also Etappen bis zu zehn Stunden völlig außerhalb seiner Reichweite. In der Vorstellung läuft er aber ab und zu schon neben mir. Foxli ist ein eher großer, fuchsroter Chihuahua, jedoch kein reinrassiger, schlanker, sondern ein etwas dicker, trotzdem aber wunderschöner.

Nun bin ich wieder einmal ins Schwärmen geraten! Je älter ich werde, desto mehr wächst mein Mitgefühl für Tiere. So haben wir denn außer Foxli, den wir kauften, noch zwei verwaiste Hunde dazugenommen, sowie ein ausgesetztes wunderschönes graublaues Kartäuser-Kätzchen mit gelben Augen. In Puerto Plata stößt man oft auf ausgesetzte, kranke oder verletzte Hunde und manchmal eben auch auf Katzen. Da ich sie nicht alle zu Hause aufnehmen kann, bringe ich sie jeweils in eine Tierarzt-Praxis, um sie zu pflegen, zu heilen und zu vermitteln, manchmal, wenn die Krankheit oder Verletzung zu schwer ist, leider auch zur Erlösung mittels Narkose. Im Allgemeinen haben die Dominikaner sehr wenig Mitgefühl für Tiere. Ihre spanisch/afrikanische Abstammung macht sich auch da bemerkbar. Für den Tierschutz gibt es hier noch viel zu tun ...

Am Nachmittag und somit gegen den Schluss der heutigen Wanderung geht es jetzt über ein weites, nicht gerade reizvolles Hochplateau mit Wiesen und Äckern. Ich nähere mich dessen Rand und nach und nach erscheint vor mir – in etwa drei Kilometer Entfernung, etwas tiefer gelegen, aber ebenfalls auf einer Anhöhe – prächtig in der Nachmittagssonne leuchtend eine Stadt wie aus dem Bilderbuch. Es ist Astorga mit der riesigen Kathedrale in seiner Mitte. Schon zur Zeit der alten Römer war Astorga als »Asturica Augusta« von erheblicher Bedeutung und später immer eine wichtige Station auf dem Jakobsweg. Hier vereinen sich übrigens der Jakobsweg »Via de la Plata« (Sevilla-Santiago) und der »Camino Francés«.

Nun geht es ziemlich steil bergab, anschließend etwa einen Kilometer durch den Talgrund und dann zur Stadt hinauf. Komme gleich eingangs von Astorga zur ersten Herberge, gedenke aber vorbeizugehen, um bei der nächsten hineinzuschauen. Da spricht mich ein sympathischer Mann mittleren Alters an und fragt, ob ich mich nicht hier einquartieren wolle, es sei eine der besten Herbergen auf dem ganzen Jakobsweg. Der Mann ist der Herbergsleiter selbst. Er sagt noch, die relativ große Herberge (70 Betten) sei eine Schenkung eines Schweizer Ehepaares und erzählt von seiner Schweizreise zum hl. Bruder Klaus in Flüeli-Ranft, die er einmal machte. Am Schluss ist es keine Frage mehr, ob ich hier einkehre, denn auf diese Weise wird man nicht alle Tage erwartet. Gehe also die paar Schritte, die ich schon zu weit gegangen bin, wieder zurück, die Treppe hoch und hinein in das stattliche Gebäude.

Im gepflegten Innern empfängt mich eine charmante junge Frau und schreibt mich ein. Sie macht den Eindruck einer professionellen Sekretärin und Empfangsdame, was bis jetzt, soweit ich mich erinnere, auch noch nie der Fall war. Nach der gewohnten kurzen Einschreibformalität führt sie mich in den obersten, dritten Stock. Die einzelnen Stockwerke sind, wie sich beim Hinaufsteigen zeigt, fröhlich und bunt, je in einer anderen, munteren Farbe gestaltet. In»meinem« Zimmer stehen zwei Stockbetten. Es ist noch niemand da und ich wähle das obere Bett am Fenster – Frischluft! Toiletten- und Waschräume sind tadellos. Auch eine schöne Küche ist vorhanden sowie große angenehme Ess- und Aufenthaltsräume.

Der Hospitalero hat recht, es ist tatsächlich eine schöne, vorbildliche Herberge. Nach Süden abfallend, liegt sogar noch ein kleiner Rosengarten. Ich benützte die Gelegenheit, nach soviel Wildblumen zur Abwechslung wieder einmal etwas in einem künstlich angelegten Blumengarten zu lustwandeln. Stellte dabei fest, dass gezüchtete Blumen, wie schön sie auch immer sein mögen, für meinen Geschmack mit den sozusagen auf freier Wildbahn von alleine sprießenden nicht ganz mithalten können.

Begebe mich nach dem Einquartieren ins nahe gelegene Stadtzentrum. Astorga ist eine auf einer Anhöhe angelegte kompakte, attraktive Kleinstadt mit 14 000 Einwohnern, äußerst gepflegt, mit vielen prachtvollen historischen Gebäuden, wie zum Beispiel dem Rathaus, dem Gaudi-Bischofspalast (neugotischer Jugendstil) und vor allem eben der gewaltigen Kathedrale aus dem 16./17. Jahrhundert (ihre Bauzeit dauerte übrigens mehr als 200 Jahre – man stelle sich das einmal vor!). Nicht zu vergessen die schöne, imposante »Plaza«. Ich besichtige vor allem die Kathedrale und das angegliederte reichhaltige Museum mit »Kirchenkunst aus Astorga und Umgebung« aus den letzten tausend Jahren, darunter Kunstwerke – Bilder, Skulpturen, Bücher, Schriften, Sakralgegenstände usw. – von Weltgeltung.

Betrachte auf dem Rückweg zur Herberge auch ein wenig die Geschäftsauslagen. Was ich da so sehe, weist einen recht hohen Standard auf, in etwa vergleichbar mit dem der Schweiz; vor allem auch die zahlreichen schönen, offenbar feinste Spezialitäten anbietenden Confiserien. Ich sehe mich aber schlicht noch ein wenig in einem gewöhnlichen Supermarkt um und versuche anschließend, das Gekaufte in der Herbergsküche zuzubereiten, was zur Abwechslung wieder einmal halbwegs gelingt.

Gehe etwas später noch mal ins Zentrum zur Plaza hoch. Die Stadt erscheint am Abend, beleuchtet, noch imposanter und schöner als am Tag. In einem Straßencafé an der Plaza treffe ich wieder einmal Anja und Charlie. Setze mich kurz zu ihnen. Es gehe ihnen gut und die Blasen von Anja seien geheilt. Sie logieren meistens in Hotels und Hostals, so auch heute, was komfortabler ist, dafür aber vielleicht etwas weniger pilgerauthentisch.

Wieder in der Herberge zurück, hat es in »meinem« Zimmer noch Zuwachs gegeben. Ein junger Amerikaner mit seiner Tante sowie ein junger, langer Deutscher, der mir gleich als Erstes spontan sagt, er schnarche dann nicht (wie höflich!). Dafür wollte aber später der Amerikaner bis tief in die Nacht hinein keine Ruhe geben, zwar nicht mit Schnarchen, doch weiß der Kuckuck, was er im Dunkel so lange sortierte und bastelte. Bat ihn irgendwann um Ruhe, die alsbald eintrat.

Komischerweise fielen mir auf dem bisherigen Jakobsweg immer mal wieder, und so auch heute, die spanischen Worte »Que Sera, Sera« (was sein wird, wird sein) ein, der Titel des großen Schlagerhits von Doris Day aus den sechziger Jahren. Zu jener Zeit fragte ich nicht, was diese Worte und der weitere englische Text des Liedes bedeuteten und konsumierte einfach die schöne Melodie und die tolle Interpretation von Frau Day. Jetzt hingegen, die spanischen und die englischen Worte verstehend, ist mir hier auf dem Weg allmählich der tiefere Sinn aufgegangen – zugegeben, hat etwas lange gedauert! Je länger ich aber wandere, desto klarer und selbstverständlicher wird mir, dass man die Zukunft nicht selbst bestimmen kann (zumindest nicht alles!), sondern dass sein wird, was sein wird – que sera, sera ...

Dienstag, 12.06. – 24. Tag
Von **Astorga** nach **Foncebadón** – 28 Kilometer

Zuerst flachaus auf Landstraße und Wanderwegen, dann hüglig und das letzte Drittel ziemlich steil bergauf. Besonders hier überwältigende Flora. Fast könnte man meinen, man sei bei einer Gartenbau-Ausstellung an Hanglage! Und dazu ein blauer Himmel mit prächtigen, schneeweißen Kumuluswolken. Erneut also eine Wanderung vom »Feinsten«, wie Tennisreporter Heinz Pütz vom Schweizer Fernsehen wohl sagen würde. Benütze die Gelegenheit und mache hier in dieser Idylle Mittagsrast. Genieße die ganze Herrlichkeit. Wer weiß, wie viele solcher »Bankette« mir in meinem Leben noch beschieden sind!

Bin heute ein Stück auf Asphaltstraße gelaufen. Aufsteigender Teergeruch weckte lebhafte Erinnerungen an die »holde« Jugendzeit, als die Straßen im Sommer manchmal weich waren und nach Teer rochen und die Welt für uns Kinder noch in Ordnung war.

Lief und unterhielt mich im Laufe des Tages je ein wenig mit älterem Spanier, der ebenfalls einen recht zufriedenen Eindruck machte, dann mit einer Engländerin. Auch mit einem belgischen Ehepaar und gegen Ende der Etappe noch mit einer älteren Dänin. Im Moment trinke ich mit Peter, einem jüngeren sympathischen Polen, am rustikalen Holztisch vor der Herberge ein Gläschen Wein.

Um es noch nachzuholen, bin am Morgen durch El Ganso, ein etwas verfallenes, jedoch interessantes Dörfchen gegangen. Ebenso durch Rabanal. Habe dort sehr schön gestaltete Naturstein-Häuser bewundert. Sah übrigens heute Morgen von Astorga aus, ohne mir weiter Gedanken zu machen, westwärts in der Ferne, eine dunstig-blaue Bergkette, schätzungsweise so 1500 Meter hoch. Und nun, etwa um drei Uhr nachmittags, bin ich auf dieser Bergkette, und zwar in Foncebadón, auf einer Höhe von 1100 Metern. Erstaunlich, wie weit man an einem Tag zu Fuß kommen kann.

Mit dem Laufen geht es übrigens immer besser. Hätte heute, nach den 28 Kilometern, zum Teil steil bergauf, leicht noch weitergehen können. (Also auch mit 70 lässt sich die Kondition noch steigern. Wie gut!).

Die Privatherberge, in der ich nun bin, lässt hingegen diesmal ziemlich zu wünschen übrig. Habe mich ein wenig umgesehen, zum Beispiel auch in der Küche, und was ich da sah, war – oh weh! – nicht sehr appetitlich. Der Hospitalero kocht übrigens für die Pilger ein Abendessen. Habe später Peter, der mitaß, gefragt, wie es denn so schmeckte, worauf er sagte: »Nicht besonders«, was ich gut verstehen konnte.

Diese Herberge fällt übrigens in mancher Hinsicht etwas aus dem Rahmen, so zum Beispiel auch damit, dass mir der Hilfs-Hospitalero, ein nicht gerade positiv wirkender jüngerer Mann, einfach so sagte, wir Pilger seien »Sadomasochisten«. Ich fragte ihn darauf, ob er auch schon gepilgert sei, was er verneinte. Ich empfahl ihm nicht, es auch zu versuchen, denn er würde es ganz bestimmt ohnehin nicht tun.

Spaziere am Abend ein wenig außerhalb des Dörfchens und schaue zurück auf die Gegend, durch die ich heute gelaufen bin – bis zum jetzt schon wieder fernen Astorga. Setze mich auf ein altes Bruchsteinmäuerchen und schaue den um mich weidenden Kühen zu, wie sie ruhig und in immer gleichem Rhythmus mit der Zunge mal links mal rechts Gras einholen und abreißen. Ein ureinfacher, aber faszinierender Vorgang.

Meinen Gedanken so freien Lauf lassend, reflektiere ich unter anderem, dass ich also heute, im Jahre des Herrn 2007, in diesem halb verfallenen Weiler Foncebadón eine Nacht verbringen werde, und frage mich, wie es wohl im frühen Mittelalter hier ausgesehen haben mag und wie die Pilger damals nächtigten(?). Unter ihnen, im 13. Jahrhundert, zum Beispiel eben auch Franz von Assisi. Schade, dass er kein Tagebuch schrieb! Hätte er geahnt, dass er als eine der großen Gestalten in die Geschichte eingehen würde und Menschen späterer Jahrhunderte gerne Näheres, Authentisches über ihn erfahren hätten, hätte er es vielleicht getan. Übrigens soll Franziskus in seiner Heiligkeit von allen Heiligen Jesus am nächsten gekommen sein. Gemäß Legende hat er auch mit Tieren geredet, was dem biblischen König Salomon ebenfalls nachgesagt wird. Ja, mit den Tieren reden (statt sie massenhaft abzuschlachten), das wäre vielleicht heilsam ...

Inzwischen legt sich langsam Dämmerung über Berg und Tal und es wird kühler.

Mittwoch, 13.06. – 25. Tag
Von **Foncebadón** nach **Ponferrada** – 29 km

Heute liegt eine gebirgige Etappe vor mir. Morgens halb sieben Aufstieg zum 1504 Meter hohen Pass mit dem »Cruz de ferro« (Eisenkreuz). Hier legen Pilger in jahrhundertealter Tradition einen mitgebrachten Stein hin und es hat sich inzwischen ein riesiger Haufen angesammelt. Etwas ernüchternd ist zwar, dass es nicht ein sauberer, gefälliger Steinhaufen geworden ist, wie man annehmen möchte, sondern eigentlich fast eher ein wüster Schutthaufen. Wie der zustande kam, ist mir – und auch Anja, die ich hier mit Charlie wieder antreffe – schleierhaft. Ich wenigstens habe einen schönen, graugrünen Stein aus der Dominikanischen Republik hingelegt. Also an mir kann's diesmal nicht liegen!

Es ist übrigens zurzeit kalt und neblig hier oben. Somit gehe ich, nachdem Charlie noch ein Foto von mir auf dem Steinhaufen geschossen hat, bald weiter. Vorerst etwa eine Stunde auf idealem Wanderweg mehr oder weniger ebenaus, durch hübsche, niederwachsende Flora. Das Landschaftsbild ist geprägt von den Bergen von León. Hier links unten gerade ein tiefes Tal, an dessen steilen bewaldeten Hängen auf eingestreuten Wiesen ab und zu Kühe weiden.

Nach etwa fünf Kilometern komme ich zu einer Handvoll alter, alphüttenähnlicher Häuser. Sie stehen an moderater Hanglage etwas verlassen da an diesem grauen Morgen. Es ist der ehemalige Weiler Manjarin, der, wie es heißt, nur noch von Tomás, einem älteren Mann, und für jeweils eine Nacht von vorbeikommenden Pilgern bewohnt wird. Wie ich erfahre, wollte Tomás 1993 nach Santiago, entschied sich dann aber in der Einsamkeit von Manjarin zu bleiben, um in der Tradition der Tempelritter für die Pilger zu sorgen. Es ist die einfachste Herberge, die mir bis jetzt begegnet ist. Immerhin gebe es aber in der Nähe ein Plumpsklo und einen Brunnen, an dem man sich waschen könne!

Das Prunkstück von Manjarin scheint mir aber der bunte, sehr solide Wegweiser im »Zentrum« zu sein. Seine kräftig bemalten, massiven Holzschilder geben zwar nicht die umliegenden Dörfer oder Städte an, wie das bei Wegweisern sonst so üblich ist, sondern gleich großzügig etwa »Mexiko 9 376 km«, »Jerusalem 5 000 km«, »Rom 2 475 km«, »Machu Picchu 9 153 km« usw. Entgegenkommenderweise wird doch auch noch auf das im Vergleich eher bescheidene »Santiago 222 km« hingewiesen. Obwohl die exotischen Destinationen durchaus attraktiv wären, bleibe ich bei meinem Entschluss und begebe mich, nachdem ich mich auch noch im labyrinthartigen Laden von Tomas etwas umgeschaut habe, wieder auf den Weg nach Santiago de Compostela. Durch wiederum prächtige Vegetation. Blumen, Gräser, Grünpolster, kleine Büsche und Zwergbäumchen, alles absolut perfekt »ausgewählt und zusammengestellt«. Wenn man das so sieht, staunt man immer wieder und fragt sich, was oder wer es denn ist, der hinter all den Wundern, dem einfachen Grashalm bis hin zum ganzen, unvorstellbaren Universum steht. Ich weiß es nicht! Gebe mich, mangels einleuchtender Alternativen, mit der Feststellung des Physiknobelpreisträgers Erwin Schroedinger zufrieden, der bescheiden meinte: »Es gibt etwas, aber wir wissen nicht was ...«

Nun geht es hier gerade noch an einem oberhalb des Weges liegenden etwa sechzig auf neunzig Fuß großen berückenden Blumenteppich vorbei, »gewoben« aus »Erikas« verschiedenster Farbnuancen, von Dunkelrot über Rostrot bis Lila. Grandios, was die Natur überall an Schönheit hinzaubert, und das nicht nur am Weg entlang, sondern überall, auch an Orten, wo selten oder vielleicht nie Menschen hinkommen. Interessant und schön sind auch der Fels und das beige-graue Gestein, das überall großzügig herumliegt. Geologisch kann ich es nicht zuordnen, charakteristisch ist jedoch, dass es horizontal und vertikal fast spiegelglatt spaltet. Manchmal liegen einzelne Brocken herum, genau rechtwinklige Quader, bei denen man meinen könnte, sie seien von Menschenhand bearbeitet.

Insgesamt bin ich jetzt etwa drei Stunden unterwegs, alles mehr oder weniger unter grauem Himmel und streckenweise im Nebel. Es öffnen sich aber dennoch ab und zu tolle Ausblicke in die umliegenden Berge und Täler. Bei Sonnenschein wäre das Ganze natürlich noch einmal so schön.

Marschiere nun im gefälligen rustikalen Bergdörfchen El Acebo ein. Es liegt auf einer Sonnenterrasse etwas verschlafen da. Bestelle in mit Pilgern vollgestopftem kleinem Restaurant Kaffee mit etwas Gebäck und bekomme es nach geduldigem Warten dann auch. Anschließend geht es bei sich aufhellendem Wetter weiter, stundenlang, alles bergab. Mein Leistenbruch schmerzt heute ein wenig, was mich etwas beunruhigt. Drücke für den Rest der Wanderung immer wieder eine Zeit lang meine Fäuste auf den Bruch und nehme mir vor, heute noch in der Stadt Ponferrada nachzuschauen, ob ich ein orthopädisches Geschäft finde, um mir ein Bruchband zu besorgen.

Gegen Ende des Abstiegs, aber immer noch auf respektabler Höhe, kommt nun auf dem schmalen Weg eine junge recht hübsche Joggerin den Bergweg hoch (die erste und einzige Joggerin, die mir auf dem Jakobsweg begegnete). Ich staune nicht schlecht, wie leichtfüßig und geschwind sie das steile Gelände meistert – und dazu noch freundlich lächelt und grüßt. Übrigens eine Spanierin, und dieses Mal, wie mir scheint, eine der »milderen« Sorte.

So um die Mittagszeit komme ich im Tal unten an. Betrete über eine Römerbrücke gleich das pittoreske Dorf Molinaseca. Laufe durch die von originellen alten Holzhäusern gesäumte, schön gepflasterte Hauptgasse. Erstehe hier noch eine Portion verlockender dunkelroter Kirschen, die ein Bauer an einer Straßenecke feilhält. Mache außerhalb des Dorfes in einer etwas verwilderten Wiese oberhalb der Straße Mittagsrast, was nach sechsstündiger »Bergtour« nicht zu verachten ist. Das Besondere an diesem »Lunch«: Die Kirschen sabotieren für einmal die Vorherrschaft von Schokoladen- und Dörrfrüchtedesserts.

Nun scheint es nicht mehr sehr weit zu sein bis zum gerade ins Bild gekommenen Etappenziel Ponferrada. Ich schätze ungefähr eine Stunde. Unterwegs muss ich aber nach und nach feststellen, dass ich mich ein wenig getäuscht hatte, der Weg sich noch recht schön hinzieht und dass an den acht Kilometern, die im Führer angegeben sind, nicht zu zweifeln ist. Dass aus einer Stunde nun zwei geworden sind, spielt weiter auch keine Rolle, ist es doch, als ich vor Ponferrada über die Brücke des Flusses Boeza laufe, erst halb vier.

Nach der Brückenüberquerung treffe ich auf eine Pilgerin, die gerade mit zwei auf einer Bank sitzenden einheimisch wirkenden älteren Frauen spricht. Wie ich mitbekomme, dreht sich die Unterhaltung um die Route zur Herberge, die hier – mir im Moment unerklärlich – entgegen der Weisung der Pfeile eine andere Richtung nehmen soll. Wir laufen also gemeinsam nach dem Ratschlag der Frauen und finden die am Rande eines riesigen Parkplatzes liegende Herberge problemlos. Etwas verblüffend ist, dass auf diesem Parkplatz auch nicht ein einziges Auto steht. Zu dumm, ausgerechnet jetzt, wo einmal genügend Platz zum Parken da wäre, sind wir zu Fuß unterwegs!

Habe inzwischen von meiner etwa vierzigjährigen liebenswürdigen Mitpilgerin erfahren, dass sie Renata heißt, aus Landschlacht in der Schweiz kommt und schon seit Genf zu Fuß unterwegs ist (alle Achtung!). Wir kehren nun gleich in die stattliche, 270 (?) Schlafstellen aufweisende, sympathische Herberge ein. Es ist inzwischen heiß geworden und ein kühler Trunk an sonnengeschütztem Platz steht im Moment zuoberst auf meiner Wunschliste. Ein Getränkeautomat und ein schattiger Tisch machen es möglich.

Anschließend wieder die alltägliche Routine des Einquartierens. Erkundige mich etwas später beim Herbergsleiter nach einem orthopädischen Geschäft und erfahre, dass es eines gibt und es etwa eineinhalb Kilometer entfernt unten in der Neustadt liegt. Mache mich zu Fuß auf den Weg dorthin, denn erstens ist Laufen ja gesund (nicht nur auf dem Jakobsweg) und zweitens verschaffe ich mir damit gleichzeitig ein wenig Übersicht über eine Stadt, von der ich vor dem Jakobsweg noch nicht einmal wusste, dass es sie gibt. Nun aber werde ich sie wohl nicht mehr vergessen, habe ich doch in dem Geschäft nach angenehmer Beratung ein gutes Bruchband erhalten, womit ich den restlichen Kilometern beruhigt und ohne das ständig etwas ungute Gefühl, es könnte »etwas« passieren, entgegensehen kann.

Gehe auf dem Nachhauseweg eine andere Route, und zwar durch eine etwas kahle alte Gasse zur Kirche hoch. Hier findet zurzeit eine Ausstellung mit alter Kirchenkunst statt, mit wiederum beachtlichen Kunstschätzen vom 9. bis 18. Jahrhundert. Schaue sie mir trotzdem an. Die Vergangenheit, besonders wenn sie so authentisch vor Augen liegt, fasziniert mich ja irgendwie doch immer wieder.

Außer der Kirchenkunst gibt es hier angegliedert gleich noch eine zweite Ausstellung, und zwar über den »Camino Francés«, den Jakobsweg von Puente la Reina bis Santiago, also den, den ich gerade zu laufen im Begriff bin. Eine erstaunlich reichhaltige Dokumentation wird da präsentiert. Zum größten Teil in generösen langen Schaugängen mit halbtransparenten Außenwänden, in die Bilder des Weges und Sinnsprüche in sehr origineller und dekorativer Weise integriert sind. Wirkt alles hoch professionell, eindrücklich und schön.

Am Ende dieser Ausstellung stehe ich gleich beim Ausgang nun direkt neben der »Templerburg«, einem mächtigen Zeugnis mittelalterlicher Militärarchitektur aus dem 12./13. Jahrhundert. Es finden allerdings gerade Renovierungsarbeiten statt, weshalb ich, kaum war ich drin, schon wieder hinausgeschickt werde.

(Der Templerorden wurde übrigens in Jerusalem um das Jahr 1118 von Kreuzrittern gegründet. Der Orden vereinte die Ideale des Rittertums mit denen der Mönche, also zweier Stände, die bis dahin streng getrennt waren. Die Mitglieder waren also Ritter und Mönche zugleich. Sie stellten sich zur Aufgabe, die damaligen Heiligen Stätten des Christentums zu schützen und ebenso die Pilgerwege und Pilger. Nach kurzer Zeit kontrollierten sie aber auch das Finanz- und Transportwesen in Europa und kamen zu erheblicher wirtschaftlicher Macht, was später dem französischen König Philipp IV. gar nicht ins Konzept passte. Im Jahr 1307 verbot dann Papst Clemens V. auf Betreiben Philipps hin den Orden unter dem Vorwurf von Hexerei, Satanskult und Sodomie. Der Name »Templer« rührt daher, dass König Balduin im Jahr 1118 dem Orden bei der Gründung einen Flügel seines Palastes, welcher auf den Grundmauern des salomonischen Tempels in Jerusalem gebaut wurde, als Quartier zur Verfügung angeboten hatte.)

Da sie mich drinnen nicht leiden mögen, schaue ich mir nun die alte Festung noch von außen an und schlendere anschließend durch die Altstadt zur Herberge zurück.

In dieses Haus kommt man gerne wieder, ist doch alles, von der Eingangshalle bis zu den Toiletten, gut und gediegen. Kein Wunder, denn wie ich höre, ist auch dieses »Refugio«, wie schon dasjenige von Astorga, von einem Schweizer Ehepaar gestiftet. Mit der Eingangshalle hat es noch etwas Besonderes auf sich. Schon beim ersten Eintreten am Nachmittag fiel mir ein großes Bild auf. Jetzt, wo ich es nochmals in Ruhe betrachte, zieht es mich mehr und mehr in seinen Bann. Es zeigt Bruder Klaus in seiner innerschweizer Bergheimat. Das Bild ist von einer spani-

SAN NICOLAS DE FLÜE
SUIZA

124

schen Malerin etwas naturalistisch-naiv, aber sehr schön gemalt. Es scheint dieser Frau gelungen zu sein, sich tief in den Mystiker Niklaus von Flüe einzufühlen und das fromm-ernste Wesen des gottesfürchtigen Heiligen in atemberaubender Weise wiederzugeben; zeitweise scheint mir, als wolle er geradezu aus dem Bild heraustreten.

Auf den bisherigen Etappen erinnerte ich mich ab und zu an die eine und andere Bibelstelle sowie an christliche Gebete, unter anderem auch an das Bruder-Klaus-Gebet »Mein Herr und mein Gott ...«. Schon als (katholischer) Bub lernte ich dieses Gebet. Und nun, am vierundzwanzigsten Tag meines Jakobsweges, in Ponferrada, begegnet es mir in Bronze gegossen wieder, darüber das wie lebendig erscheinende Bild seines Schöpfers.

Ponferrada ist übrigens eine recht ordentliche, teilweise schmucke Stadt mit 60 000 Einwohnern, Hauptort der fruchtbaren Region Bierzo. Die Altstadt ist etwas erhöht und man kann unter anderem mit einem modernen Lift bequem und gratis in die Neustadt hinunterfahren.

Habe übrigens auf dem ganzen bisherigen Weg fast jeden Tag ein- oder mehrmals den Kuckuck rufen gehört, immer mehr oder weniger aus der Ferne (was beim Kuckuck so der Brauch zu sein scheint). Wenn dieser Ruf bei mir auch mit Nostalgie belegt sein mag, so ist es doch nicht allein dies, was mich berührt. Es ist fast noch mehr das einsame, verhalten und geheimnisvoll wirkende Rufen in die Stille eines Frühsommertages selbst, das wie aus einer »andern Welt« herüberzukommen scheint ...

Gebet des hl. Bruder Klaus:

mein herr und mein gott,
nimm alles mir, was mich hindert zu dir.
mein herr und mein gott,
gib alles mir, was mich führet zu dir.
mein herr und mein gott,
nimm mich mir und gib mich ganz zu eigen dir.

Donnerstag, 14.06. – 26. Tag
Von **Ponferrada** nach **Pereje** – 30 Kilometer

Ich mache mich um Viertel vor sieben bei Regen auf den »Weg«. Suggeriere mir zur Abwechslung wieder einmal: »Der Weg ist das Ziel«. Laufe anfänglich etwa eine Stunde durch Stadt- und Vorstadtgebiet. Nichts Besonderes. Straßen, Häuser, Wohnblöcke, Wiesen, wie überall auf der Welt. Habe mich aber da gleich noch kurz verirrt, einen Moment nicht voll aufgepasst – fühlte mich zu sicher – und schon war es wieder geschehen. Prompt, bei der nächsten Abzweigung – kein gelber Pfeil mehr. Ich schaue wohl wieder einmal etwas ungläubig um mich. Wähle die Straße links – mal sehen, ob's da durchgeht(?) – erfolglos! Wieder zurück und noch ein Versuch in die andere Richtung. Auch hier nicht der Hauch einer Chance. Bleibt mir nichts anderes, als bis zum zuletzt gesehenen Pfeil zurückzugehen und dort sorgfältig von Neuem zu beginnen. Nun sehe ich aber nach etwa fünfzig Metern des Rückzugs in einiger Entfernung drei Pilger links in einen kleinen Park abbiegen. Einer der drei, der »Neandertaler aus Belgien« ist es, erkennt mich verlorenes Schaf, winkt und bedeutet mir: Hier geht's durch. Zu meinen Gunsten kann ich nur sagen, dass da wohl ein Pfeil ist, aber an einer Stelle, wo ihn kein Mensch erwarten würde.

Ich komme nach sechzehn ereignislosen Kilometern steten Wanderns im 4 200-Seelen-Städtchen Cacabelos an. Der Regen hat inzwischen aufgehört. Trinke hier im erstbesten Restaurant, diesmal bei extrem schlechter Bedienung, den »obligatorischen« Kaffee und besichtige anschließend noch die sehr schöne romanische Kirche, die gerade in der Nähe ist.

Weiter geht's großenteils durch Reben (Bierzo) und Kirschbäume, Letztere voll behangen mit verlockenden, dunkelrot glänzenden Früchten. Eine Handvoll habe ich mir in »Selbstbedienung« zugestanden, was ein anständiger Jakobspilger eigentlich nicht tun sollte beziehungsweise dürfte. (Bin wohl doch eher ein Jakobswanderer als ein Jakobspilger!). Etwas weiter vorne hängt nun prompt eine Tafel mit der Warnung: »Kirschen sind gespritzt« – zu spät!

Nach weiteren acht Kilometern erreiche ich Villafranca del Bierzo, ein Städtchen mit 4 100 Einwohnern. Es wird auch »Das kleine Compostela« genannt, nicht nur wegen seiner zahlreichen Kirchen und Monumente, seinen einstigen Pilgerhospitälern sowie einer Burg aus dem 16. Jahrhundert, sondern auch weil im Mittelalter Pilgern, die auf dem Weg erkrankten, schon hier der Ablass von den Sündenstrafen gewährt wurde.

Mache zuerst oberhalb des Städtchens bei der romanischen Santiago-Kirche, der einstigen Ablasskirche, halt. Treffe hier vor dem schönen Hauptportal Agnes und Rady, die ruhigen und immer freundlichen Rumänen. Sie wollen die Kirche noch etwas genauer ansehen. Ich gehe gleich die restlichen Schritte ins Stadtzentrum hinunter, wo ich mich vor allem am Geldautomaten mit frischen Euros eindecke und mich dann in einer netten Bar mit einem weiteren Kaffee und einem süßen »Ring«, dessen Name mir noch unbekannt ist, verköstige und etwas die Beine ausstrecke.

Anschließend, bei jetzt schon recht anständigem Wetter, Aufbruch zum Etappenendziel Pereje, weitere eineinhalb Wegstunden entfernt. Ausgangs Villafranca steht etwas überraschend links unten am Weg noch eine erstaunlich große Kirche. Ich gehe hinunter, trete ein und gerate gleich ein wenig ins Staunen ob der kühnen Konstruktion und der enormen Höhe. Die Kirche ist auf den Namen Santa María getauft und ihr Baustil ist barock. Wiederum im Verhältnis zu dem kleinen Städtchen ein gewaltiger Sakralbau. Zählt für mich zu den schönsten Kirchen, die ich bis jetzt in Spanien gesehen habe.

Von da geht es nun gleich links über den Fluss und dann leicht aufwärts in ein Tal hinein – alles auf der Hauptstraße, jedoch läuft man hier geschützt auf einem Gehstreifen, dessen Betonelemente den Pilgerpfad vom Verkehr abtrennen.

Nach acht Stunden komme ich in dem kleinen, alten, etwas vernachlässigt wirkenden Dörfchen Pereje an. Es dominieren in den Wiesen zwischen den Steinhäusern wiederum Kirschbäume, schwer behangen mit fast reifen, rot-dunkelroten Früchten. Sie wecken in mir erneut den »Pflückinstinkt«, ich begnüge mich aber für diesmal mit dem Wasser, das mir im Munde zusammenläuft. Menschen scheint es hier wenige zu geben. Kaum einer lässt sich blicken während ich etwas verlangsamten Schrittes auf der schmalen Straße durch den Weiler gehe. Höchstwahrscheinlich wieder eines der vielen kleinen Dörfer in Spanien, die vom Aussterben bedroht sind.

Nun, ich brauche ja auch nicht unbedingt jemanden. Das Einzige, was ich jetzt möchte, ist eine Dusche und dann für die Nacht ein Bett und beides finde ich umgehend in der fast am Ende des Dörfchens stehenden Herberge. Diese ist zwar eine der einfacheren Art, doch es geht irgendwie. Betreut wird sie von einer jüngeren Frau, die leicht konfus wirkt, sich aber sonst Mühe gibt. Ein wenig überrascht hier der Schlafsaal mit normalen, ziemlich alten Betten. Er erweckt den Eindruck eines Lazarettes aus dem 19. Jahrhundert. Normale Betten, also keine Stockbetten, das gab's bis jetzt erst einmal, in Azofra, in den Zweibettzimmerchen ... nein, stimmt nicht, auch am ersten Tag in Jaca!

Rady und Agnes sind übrigens auch schon hier. Später kommt noch Andreas, ein sympathischer jüngerer Bayer, dazu und noch vier weitere Pilger. Andreas erwähnt – da wir, was das Laufen betrifft, hier ja auf dem Jakobsweg gerade so richtig im Element sind – unter anderem die Alpenquerung »München-Venedig«, die er nächstes Jahr zu »machen« gedenke. Ein schöner Höhenweg quer durch die Alpen soll es sein, mit einem Zielort, der ja an Attraktivität kaum zu überbieten ist. Die Traversierung selbst könnte jedoch, je nach den Wetterumständen so hoch in den Bergen, schon etwas rau und beschwerlich werden. Schaue mir das »Projekt« dann auch einmal näher an, um zu sehen, ob es für mich noch drin liegen könnte.

Mein Bruchband hat sich übrigens bestens bewährt. Ich fühlte mich damit gut »zusammengehalten«, wie ein Rennpferd mit einbandagierten Fesseln, kam ich mir vor.

Bin aber heute zwischendurch wieder etwas zu schnell gelaufen. Ich muss unbedingt so laufen, dass ich mich körperlich und mental gut fühle. Als positiv zu verzeichnen wäre, dass ich mich am Vormittag vom Regen nicht allzu stark beeindrucken ließ. Dachte ich bis vor Kurzem noch »Alles, nur kein Regen«, komme ich jetzt schon besser damit zurecht. Immerhin etwas ...

Freitag, 15.06. – 27. Tag
Von **Pereje** nach **O Cebreiro** – 30 Kilometer

Alles mäßig bergauf durch ein relativ enges Tal. Ich laufe teils auf kleiner, alter, asphaltierter Straße und teils auf gut ausgebauter Hauptstraße. Komme ab und zu durch ein kleines Dörfchen oder einen Weiler. Von 550 auf 1300 Höhenmeter möchte oder muss ich heute meine 60 Kilo, mit Rucksack sogar 69 Kilo, bringen. Drei Straßen gehen insgesamt durch dieses enge Tal. Neben den zwei erwähnten noch eine moderne vierspurige Autobahn. Die Autobahn beeindruckt technisch mit ihren unzähligen zum Teil großen Brücken und Stützmauern sowie durch die riesigen, bis zu etwa 70 Meter hohen Felsabtragungen; landschaftlich gesehen könnte man jedoch gut auf sie verzichten. Übrigens alles von der EU bezahlt, heißt es.

Im unteren Teil des Tales sieht man immer noch Kirschbäume. Zudem ist hier auch eine Nussbaumgegend. Im klaren, das Tal durcheilenden Flüsschen gäbe es Forellen, informiert mich ein älterer Einheimischer, mit dem ich mich auf der Straße ein Viertelstündchen unterhalte. Apropos Forellen, gefielen sie mir früher am besten gebraten auf dem Teller, sehe ich sie heutzutage definitiv lieber im klaren Wasser eines Gebirgsbaches.

Das Wetter ist heute abwechselnd sonnig bis stärker bewölkt. Es ist angenehm zu laufen, wenn auch auf Asphalt nicht so ideal

wie auf Wegen abseits des Verkehrs. Zum Glück ist die Neben-
wie auch die Hauptstraße jedoch kaum befahren. Bin also hier
fast der Einzige, der diese Straßen noch ein wenig amortisiert.

So etwa nach der Hälfte der Etappe kommt es mir aber nach
und nach doch komisch vor, dass seit Längerem kein einziger
Pilger aufgetaucht ist, weder hinter noch vor mir. Habe auch
seit etwa einer Stunde keinen gelben Pfeil mehr gesehen. Gehe
weiter und denke, dass dies eben manchmal vorkommen kann –
zugegeben, ein etwas leichtsinniger Gedanke.

Jetzt, weiter oben, nun doch etwas beunruhigt ob meiner
außergewöhnlichen Einsamkeit, frage ich einen Straßenange-
stellten, ob ich da auf dem rechten Weg nach O Cebreiro sei. Er
sagt ja, ich müsse aber beim Dorf Pedrafita do Cebreiro links
abbiegen. Nun endlich konsultiere ich auch meinen Führer und
stelle fest, dass ich tatsächlich schon wieder falsch gelaufen bin.
Irgendwo weiter unten muss ich einen Pfeil übersehen haben.
Bin zwar hier wie gesagt noch auf dem Weg zu meinem Etappenziel O Cebreiro, aber leider auf einem Umweg. Dieser wird mich
zusätzliche sieben Kilometer kosten, sieben ansteigende Kilometer, die zudem, da auf der Hauptstraße, nicht so interessant und
schön sind, wie es die Originalstrecke versprochen hatte. Ich
versuche, gute Mine zum bösen Spiel zu machen.

Die letzten Kilometer ziehen sich da oben nun noch unerwartet lange hin auf der hartnäckig ansteigenden Hauptstraße.
Fühle mich etwas entkräftet. Mein erneutes »pfadfinderisches«
Versagen, diesmal mit erheblicher Konsequenz, hat scheinbar
etwas auf meinen physischen Apparat und auch ein wenig auf
meine Stimmung durchgeschlagen.

Ich komme aber schließlich doch irgendwann auf der Passhöhe in O Cebreiro an. Gehe gleich zur Herberge, die zurzeit ein
Provisorium in Containern ist, wo die Betten so eng nebeneinan-
derstehen, dass man gerade so durchkommt und den Rucksack
knapp dazwischen stellen kann. Trotz dieser neuen Gegebenheit
und auch mit den etwas dürftigen Duschen draußen in der Kälte

läuft die tägliche Herbergs-Routine noch überraschend gut ab. Und obwohl sich hier so viele Leute in der Enge des Containers durcheinanderbewegen – wie in einem Bienenstock komme ich mir vor – verläuft auch meine mir heute besonders willkommene Ruhestunde auf dem Stockbett recht zufriedenstellend.

Einigermaßen ausgeruht und frisch und warm eingekleidet begebe ich mich so um sechs zu einem Gang durch das schicke Dörfchen. Im Westen, wo sich die Herberge befindet, sieht man weit nach Galicien hinunter, im Osten zurück ins Bierzo, von wo ich streng genommen hätte kommen sollen, aus bekanntem Grund aber dann eher aus nördlicher Richtung »anreiste«.

O Cebreiro ist ein kleines Dörfchen mit interessanten kompakten Steinhäusern und einigen Rundhäusern mit Strohdächern. Letztere sollen zurückgehen auf eine mehr als 2 500 Jahre alte keltische Bautradition. Die romanische Kirche aus dem 9. Jahrhundert scheint mir ein wahres Schmuckstück, harmonisch, ausgewogen und perfekt in ihren Proportionen. Hier oben befand sich auch eines der wichtigsten mittelalterlichen Pilger-Hospitäler. Interessant wäre es, zu erfahren, an was damals Pilger denn so erkrankten.

Nach dem Rundgang begebe ich mich in eines der zahlreichen Restaurants. Das bestellte Abendessen ist gut und großzügig. Ein gewaltiger gemischter Salat, ein deftiger Hauptgang und als Dessert zum ersten Mal Santiagotorte, ein vorzügliches Mandelgebäck. (Was die Verpflegung betrifft, erlaube ich mir – sonst Vegetarier – hier auf dem Jakobsweg des Proteinbedarfs wegen etwas Fleisch zu essen. Ich vermute, dass ich mir damit wieder neues Karma aufbürde, hoffe aber dennoch, es falle nicht allzu schlimm aus.) Die Bedienung in der Person einer vielleicht fünfzigjährigen gut gelaunten Frau, die vom Erscheinungsbild her auch das »Model« für eine St. Galler Rheintalerin hätte sein können, war ebenfalls tadellos. Es ist also schon etwas dran, dass Galicier und Schweizer einiges gemeinsam haben sollen ...

An meinem Tisch sind übrigens noch Renata aus Landschlacht und ein etwa fünfzigjähriger deutscher Pilger, der
täglich zehn (!) oder mehr verschiedene Medikamente zu sich
nimmt oder nehmen muss. (Da darf ich mit meinem »halben« ja
noch schön zufrieden sein!) Dieser Mann hat zudem noch eine
weitere Eigentümlichkeit. Er schickt seiner Frau, wie Renata
berichtet, jeden Tag per Post einen langen Bericht vom Jakobsweg – geradezu Guinnessbuch rekordverdächtig!

Das Wetter war heute, wie gesagt, stark bewölkt bis schön,
aber eher kalt, auf dem Pass dann am Abend saukalt. Schlafe
heute über dem »Neandertaler« aus Belgien. Das ist der, der
mich ausgangs Ponferrada freundlicherweise »zurückgepfiffen«
hat. »Neandertaler« deshalb, weil er in seiner Physiognomie eine
gewisse Ähnlichkeit mit dem berühmten Vorfahren aufweist und
noch aus einem andern Grund. Vor drei Tagen saßen wir nämlich in der Bar in El Acebo am gleichen Tisch, wobei ich mit
ansah, mit ansehen musste, wie er sich sein Bocadillo einver-
leibte. Er beförderte gewaltige Bissen in sein Riesenmaul und
bearbeitete diese mit seinen ausgeprägten Kiefern auf brachiale,
eindrückliche Weise. Am Schluss war der ganze Tisch übersät
mit Brotkrumen, was ihn jedoch nicht im Geringsten zu stören
schien. Er startete übrigens den Jakobsweg in Belgien. Also Ausdauer hat der Mann, das muss man ihm lassen ...

Samstag, 16.06. – 28. Tag
Von O Cebreiro nach Calvor – 36 Kilometer

Der Tag beginnt früh, denn um halb fünf fängt es unter mir an
zu rumoren und das ganze Stockbett wird immer wieder von
Stößen und Schlägen erschüttert. Es ist der Neandertaler! Ausgerechnet ihn hat es gestern Abend ins »gleiche Bett« verschla-
gen. Was er um diese Zeit macht, entzieht sich meiner Kenntnis.
Schlafen ist auf diese Weise aber unmöglich, weshalb ich ihn um
Ruhe bitte. Und es wird ruhig. Nach einer halben Stunde fängt

es aber von Neuem an. Zum Glück verlässt er dann alsbald noch bei Dunkelheit den Container. Somit scheint klar, was das Rumoren bedeutete – er packte seinen Rucksack, etwas früh zwar und etwas ruppig, aber zugegeben: Packen im Finstern ist natürlich nicht ganz so einfach. Er ist übrigens einer, der immer früh loszieht und große Etappen macht, muss er wohl, wenn er von Belgien bis Santiago läuft.

Ich mache mich ebenfalls früh auf den Weg, denn es soll auch für mich heute ein langer werden. Zuerst geht es bergauf durch Föhrenwald, dann wieder etwas hinunter und nochmals hinauf auf die Passhöhe San Roque, auf 1270 Meter. Kurz darauf willkommenes Frühstück in der Bar im Dörfchen Liñares. Dann etwa eine Stunde mehr oder weniger geradeaus und danach hauptsächlich nur noch abwärts – stundenlang. Gute Wege durch schöne, spärlich bewohnte Gegend, jedoch hier in Galicien nicht mehr so farbige Flora. Alles sehr grün, ein wenig wie in den Schweizer Voralpen, mit Heuwiesen, Hecken und Wäldern. Hügelig bis an den weiten Horizont hinunter – Appenzellerland lässt grüßen!

Treffe zwischendurch am Weg eine große Herde sehr schöne Kühe an, wie ich sie so malerisch noch nirgends sah, und mit ihnen ein Prachtexemplar von einem »Muni« (Stier). Er wäre eine Zier für jede landwirtschaftliche Ausstellung. Ein Pilger aus einer italienischen Fünfergruppe, die auch in O Cebreiro im Container übernachtete, kommt noch des Weges und bestaunt die schönen Tiere ebenfalls. Wir versuchen uns zu unterhalten, es ist aber leider aus sprachlichen Gründen nicht sehr ausgiebig. Dabei habe ich früher einmal ein ganz passables Anfänger-Italienisch gesprochen, das ich mir mit der »Naturmethode nach Jensen« selbst beibrachte und bei einer mosambikanischen Freundin eine Zeit lang etwas vertiefte; es ist jetzt aber seltsamerweise durch das inzwischen eingeflossene Spanisch beinahe vollkommen gelöscht. Schade, gefällt mir doch das Italienische eindeutig besser als das Spanische. Fremdsprachen-Kenntnisse wären also auch auf dem Camino angenehm und nützlich, jedoch keine Bedingung.

Hier geht es übrigens, wie auch schon in den Bergen von Leon, was die Geologie betrifft, durch ein Schiefergebiet. Die meisten Häuser, besonders die alten, sind in dieser Gegend mit Naturschieferplatten eingedeckt. Der Schiefer spaltet zum Teil fast spiegelglatt und ich habe Dächer gesehen, deren Platten verblüffenderweise durchgehend fast die gleiche Dicke von etwa zwei Zentimetern aufwiesen. (Etwas für Dachdecker, denk ich mir!)

Unten im Tal angekommen, quartiere ich mich in der ziemlich tristen Herberge von Calvor ein. Nach 36 Kilometern hatte ich keine Lust mehr, nochmals fünf weitere zu gehen. Mitbewohner sind heute nur ein deutsches Ehepaar und eine ältere Französin, mit der wir uns leider erneut mangels sprachlicher Kompatibilität sozusagen fast gar nicht unterhalten können, was mir für sie etwas leidtut. Nun, man verständigt sich ein wenig mit Blick, Gestik und einzelnen mühsam hervorgeklaubten französischen Wörtern. Einen Vorteil haben wir hier dennoch, wir müssen an Dusche/Toilette nicht anstehen, denn nur vier Pilger teilen sich heute komfortabel zwei Duschen/Toiletten. In andern Herbergen sind es manchmal bis zu zehn Personen auf eine Dusche.

Um elf Uhr nachts klopfte es übrigens plötzlich noch wie wild an der Herbergstür. Wir vier waren schon in unseren Betten und ließen es klopfen. Da es aber hartnäckig immer weiterklopfte, ging ich hinunter und schloss auf. Herein kamen ein Mann, eine Frau und zwei Kinder. Anstatt dass der Mann sich bedankt und entschuldigt hätte, wurde er, was die verschlossene Türe betraf, noch vorwurfsvoll. Dabei müsste er eigentlich wissen, dass gemäß Hausordnung die Herbergen um zehn Uhr schließen und um diese Zeit normalerweise auch das Licht gelöscht wird. Ein Dankeschön wäre also nicht völlig daneben gewesen. Es war übrigens eine spanische Familie, die dann leider noch etwas rücksichtslos ziemlich lange rumorte.

Das Wetter war während des heutigen Tages morgens und vormittags sehr kalt, dann später, weiter unten, dem Tal entgegen, wärmer und zwischendurch sonnig, am späten Abend jetzt wieder etwas Regen und der Wind heult ums Gebäude.

Beim stundenlangen Gehen durchziehen jeweils, wie nicht anders zu erwarten, immer wieder alle möglichen und unmöglichen Gedanken und Fantasien die Gehirnwindungen. Ein etwas spezieller Einfall war heute: Welcher Gestalt der Menschheitsgeschichte möchte ich denn nun am liebsten einmal begegnen? Meine Antwort: Nicht Maradona (wenn er für mich auch der genialste Fußballspieler war), auch nicht dem Papst, sondern ganz eindeutig Jesus von Nazareth, der Gestalt, von der man gesichert fast nichts weiß (außer aus den Evangelien, und die wären noch nicht einmal von Zeitgenossen Jesu geschrieben worden, sondern erheblich später), und die trotzdem weltweit wohl am bekanntesten ist – und das Rätsel schlechthin. Ihm zu begegnen, wäre das Interessanteste, was ich mir im Moment vorstellen kann. Nach Jesus käme der unvergleichliche Wolfgang Amadeus Mozart, das »größte Genie der bekannten Menschheitsgeschichte«, wie ihn sein Biograf Wolfgang Hildesheimer nannte. Ein anderer bezeichnete Mozart als den »Griffel in der Hand Gottes«. Ja, wenn man zum Beispiel an das »Ave verum corpus«, an das »Requiem«, an »Die Zauberflöte« und anderes mehr denkt, scheint mir das nicht einmal übertrieben.

Nun, ich weiß, die Chance ist »sehr gering«, dass ich einem von ihnen – oder besser noch gleich beiden – begegnen werde. Immerhin gibt es aber dennoch glaubwürdige Berichte von beinahe gestorbenen Menschen (sogenannten klinisch Toten), die Jesus begegnet sind – wenn auch nicht gerade beim Wandern.

Der Jakobsweg ist aber nicht nur hinsichtlich etwas abgehobener Fantasien inspirierend; manchmal ist auch Brauchbares dabei, wie zum Beispiel das sich bewusst werden des Sinngehaltes von »Que Sera, Sera«. Außerdem sollen Leute auf dem Jakobsweg, wie berichtet wird, auch immer wieder Antwort in schwierigen, ausweglos scheinenden Lebenssituationen suchen und manchmal auch finden, wie etwa bei Arbeitslosigkeit, schwerer Krankheit (Erni aus Holland), Liebeskummer, Verlust von Angehörigen usw.

Sonntag, 17.06. – 29. Tag
Von **Calvor** nach **Portomarín** – 30 Kilometer

Der Weg führt heute wieder über sanfte Hügel und durch stille Täler mit vorwiegend Wiesland und ab und zu durch Wald mit manchmal prächtigen Eichen. Leider fast keine Blumen mehr. Gelegentlich sind dafür außerordentlich schöne, ja geradezu meisterhafte Natursteinhäuser zu sehen. Hier trifft man in den Dörfern nun ab und zu auch die typischen hölzernen oder eisernen Pilger-Statuen mit Wanderstab und Wasserflasche an, eine Reminiszenz an die Pilger, die da seit Jahrhunderten durchwanderten.

Zudem gibt es jetzt endlich Kühe, schon etwa seit Foncebadón, und wenn man an Bauernhöfen vorbeikommt, riecht es manchmal sympathisch nach Landwirtschaft. Hier müsste ich jetzt mit meinem Onkel »Vetter Ludwig« selig laufen können. Ich weiß zwar nicht einmal, ob ihm als Bauer die landwirtschaftlichen Gerüche auch so zusagten wie mir, darüber haben wir uns nie unterhalten – aber gibt es denn etwas Besseres als Heu- und Stallduft und den blühender Apfelbäume?

Treffe heute ab und zu recht morastige Wege an. Galicien ist bekannt für viel Regen, ähnlich wie die Schweiz – ein wenig ein Feuchtgebiet!

Wechsle wie üblich gelegentlich beim Überholen oder überholt werden mit Pilgern ein paar Worte. Bin heute bei »km 100« (vor Santiago) – durch einen »Meilenstein« markiert – vorbeigekommen. Wer von hier aus, nachweislich anhand des Pilgerpasses, nach Santiago läuft, wird offiziell als Pilger anerkannt und bekommt auf Wunsch die Pilgerurkunde, die »Compostela«. Fast genau da, vermachte mir ein deutscher Pilger noch einen einfachen, kräftigen Pilgerstab, der irgendwo zurückgeblieben war und den er mitnahm, wohl um ihn gerade mir zu übergeben – dachte ich doch schon lange, eigentlich sollte und möchte ich einen haben, bemühte mich aber aus Bequemlichkeit und wegen der Handfreiheit nie ernsthaft darum. Damit bin ich nun aber, was die Ausrüstung betrifft, komplett. Muss mich einfach noch ein wenig an ihn gewöhnen.

Fühle mich heute besonders fit und das Laufen macht Freude und bringt immer wieder Ruhe und Heiterkeit ins Gemüt. Das Wetter ist jedoch zur Hauptsache regnerisch, windig. Zwischendurch gibt es ab und zu aber doch etwas wärmenden Sonnenschein, der, je rarer er ist, umso sympathischer ankommt.

Gleich vor Portomarín gelange ich jetzt zu einem Stausee, der, da er den bewölkten grauen Himmel widerspiegelt, im Moment gerade einen etwas düsteren, unheimlichen Eindruck macht. Und so ist mir denn, während ich über die Brücke gehe, auch fast ein wenig unheimlich zumute. Da unten, auf dem Grund des Sees, da liegt ja das alte Dorf Portomarín – ertränkt sozusagen. Das neue Portomarín steht stolz etwa hundert Meter weiter oben am Hang über dem See.

Hier gibt es gemäß meinem Führer drei Herbergen. Ich gehe in die Erstbeste. Es ist eine neuere, freundliche Privatherberge mit einem großen, im Moment gerade gut besuchten Restaurant. Der junge Kellner, der zugleich auch noch Küchenhilfe und Portier zu sein scheint, arbeitet verblüffend umsichtig und schnell. So weist er mir – trotz der vielen Gäste im Restaurant, die er zu bedienen hat – in Kürze ein nettes kleines 4-Bett-Zimmer zu. Und da erwartet mich eine nicht geringe Überraschung.

Ja richtig, der Neandertaler! Er liegt auf einem der Betten, mit geschlossenen Augen, dem iPod hingegeben. Sein Rucksackinhalt befindet sich konzeptlos auf dem Boden zerstreut. Mich an O Cebreiro erinnernd, wähle ich vorsichtshalber das Bett nebenan, um nicht nochmals morgens um halb fünf unerwünschterweise gerüttelt zu werden. Während ich dabei bin, mich auf der oberen Matratze einzurichten, öffnet er die Augen und meint, ich solle doch auch noch das untere Bett belegen, damit das Zimmer voll besetzt erscheine und so weitere Pilger davon abhalte, in unser Abteil zu kommen. Aha – dient seine Auslege-Unordnung etwa auch diesem Zweck? Vermutlich ja, doch nicht ausschließlich. Das kann ich an seinen ausnahmsweise am Stuhl hängenden und nicht am Boden liegenden beigen Trekkinghosen erkennen, die hintenherum ganz schwarz sind und fast stehen vor Dreck. Bestimmt hat er sie seit Belgien nicht gewaschen. Also, Ordnung und Sauberkeit sind, so scheint es, nun einmal nicht seine große Stärke. Ein richtiger Neandertaler eben!

Nach dem Einquartieren, etwa vier Uhr, realisiere ich im gediegenen Restaurant mein Mittag- und Abendessen gleichzeitig. Am Tisch sitzt noch ein etwa sechzigjähriger Ungar, Buchhändler, mit grauem Hemingway-Bart. Er sagt unter anderem, er genieße den Jakobsweg, jeden Tag, jede Stunde, jede Minute, und ich glaube ihm sein Glück aufs Wort. Hier im Restaurant sind neben einigen Pilgern (darunter auch Rady und Agnes, die einen begehrten Fensterplatz mit Seeblick ihr eigen nennen) auch viele einheimische, mehrheitlich jüngere Gäste. Sie verfolgen, wie das in Spanien so üblich ist, am Fernseher wieder einmal das sonntägliche Fußballspiel. An der Bar sitzt der »Österreicher mit den großen Augen« (ein Pilger mit auffallend starken Brillengläsern) auf einem hohen Barhocker und schaut mit kritischem Blick auf die unter ihm auf normalen Stühlen sitzende Runde. Fast könnte man meinen, er habe hier die »Oberaufsicht« – ein österreichischer »Oberaufsichtsgeheimrat« sozusagen ...

Gehe anschließend noch etwas ins Städtchen. Zentrum und »Ladenmeile« ist eine etwa 250 Meter lange Straße, gesäumt von Häusern sehr ungewohnten, eigenwilligen, aber nicht uninteressanten Baustils. Nach etwa zwei Dritteln der Straßenlänge weitet sich die Straße zu einem Platz aus, auf dem eine ebenfalls sehr eigenwillige Kirche steht. Es ist San Nicolás, eine romanische Wehrkirche, die, wie es heißt, beim Bau des Stausees Stein für Stein abgetragen und hier oben originalgetreu wieder aufgebaut wurde.

Rufe, nachdem ich vor der Telefonkabine über eine halbe Stunde gewartet habe, bis ein nicht mehr ganz junger Jüngling ein für mich ermüdendes und, wie mir schien, völlig unnötiges Gespräch endlich beendete, noch Maria an, da Sonntag ist, und wir abgemacht hatten, ich würde mich jeweils am Sonntag melden.

In Puerto Plata ist alles in Ordnung, meiner Frau geht es gut und auch Zizeli, unserer betörenden Katze sowie Foxli, Zaza und Rocky, unseren fast ebenso betörenden Hunden. Kaufe auf dem »Heimweg« noch etwas Proviant bei einer äußerst liebenswürdigen älteren Ladeninhaberin, die, als ich später nochmals vorbeikomme, mir meine liegen gelassene Lesebrille spontan und mit großmütterlichem Charme entgegenstreckt.

Bin heute mit dem Regenwetter übrigens wieder gut zurechtgekommen. Scheint, dass man nach und nach doch etwas toleranter wird. Das dürfte möglicherweise Alexandra freuen. (Manchmal habe ich sogar das »erhebende« Gefühl, ich sei hier auf dem Jakobsweg schon ein etwas besserer Mensch geworden; wäre nicht schlecht!)

Ich habe übrigens heute noch eine kleine Schnecke von der Straße genommen und an den Wegrand gelegt, nach dem Motto »Es gibt nicht Gutes, außer man tut es«. Hoffentlich kroch sie – eigenwillig, wie Schnecken manchmal sind – nicht wieder zurück!

Als ich vom Spazieren bzw. Einkaufen zurückkomme, ist inzwischen noch ein Pilger eingetroffen, ein junger Australier mit rundem Gesicht, kurzem schwarzem Bart und großen runden dunklen Augen. Er sieht aus wie ein alter Römer und ist auf der unteren Liege gerade damit beschäftigt, sich einzurichten. Ich lasse ihn gewähren und begebe mich grüßend auf meine Matratze über ihm. Bald darauf bemerke ich einen fürchterlichen, absolut kriminellen Geruch aufsteigen. Der junge Mann selbst hat inzwischen das Zimmer verlassen. Ich steige hinunter, um die Ursache zu finden. Sehe gleich die Schuhe vor dem Bett. Genau, diese Schuhe sind es, die einen fast in die Flucht schlagen. Ich nehme sie mutig in die Hand und stelle sie in den Gang hinaus. Habe geglaubt, das Problem sei damit gelöst, täuschte mich jedoch, denn es riecht weiter. Der junge »alte Römer«, der inzwischen wieder zurück ist, löst nun den Fall auf mein Befragen hin auf seine Weise. Er fischt unter dem Bett noch seine Socken hervor und legt sie zu den Schuhen im Korridor. Da das Zimmer jedoch keine Tür, sondern nur einen Vorhang hat, hält der penetrante Geruch – etwas vermindert, aber immer noch unzumutbar – an, es ist zum Verzweifeln. Da der junge Mann schon wieder weg ist, bleibt mir nichts anderes übrig, als die Socken mit den Fingerspitzen aufzunehmen und sie im Toilettenraum in den Abfall zu werfen. Glücklicherweise war das bis heute der einzige (negative) »Geruchsfall«.

Montag, 18.06. – 30. Tag
Von **Portomarín** nach **Palas de Rei** – 26 Kilometer

Ich starte im Morgengrauen. Treffe vor der über den Stausee führenden schmalen Fußgängerbrücke gleich Peter aus Polen. Da scheinbar keiner von uns Lust hat, lange in den frühen, stillen Morgen hinein zu referieren, gehen wir nach der Begrüßung gleich weiter, wohl jeder in seinem Rhythmus.

Der Jakobsweg verläuft heute zum großen Teil auf angenehmen Wegen, parallel zu kleinen Landstraßen sowie auf Nebensträßchen. Das Landschaftsbild wird bestimmt von Wiesen, Hecken und ab und zu einem Wäldchen. Komme bald zu einer ganz außergewöhnlichen Waldpartie. Der Waldboden ist hier lückenlos mit hochwachsendem hellgrünem Farn bedeckt, woraus rostrote Föhrenstämme emporragen, an deren Astwerk sich oben das dunkelgrüne, büschelige Nadelkleid entfaltet, da und dort ein Stückchen blauen Himmel durchlassend. Ein Bild von schlichter Schönheit. Fast scheut man sich, diese jungfräulich anmutende Idylle zu betreten.

Ein weiteres Highlight auf der heutigen Strecke ist eine kleine, im lokalen Architekturstil gebaute Kapelle aus pastellfarbenen großen Natursteinblöcken – einfach aber sehr harmonisch. Im Übrigen ist die Gegend hier, wie gehabt, immer noch dem Schweizer Mittelland ähnlich.

Bin heute nochmals drei mir bisher unbekannten Blumen begegnet, eine davon die ganz gelbe Margerite. Zudem sah ich – zwar nicht gerade eine Sensation, dennoch bemerkenswert – so dahin schreitend eine große, schwarzglänzende Ameise vor mir im Sonnenschein auf dem hellen Natursträßchen über den Weg krabbeln. Es war natürlich nicht die erste Ameise seit Canfranc, aber die erste, der ich nähere Beachtung schenkte. Sie auf ihrer eiligen und scheinbar wichtigen Mission ein wenig beobachtend, kam so etwas wie ein Zusammengehörigkeitsgefühl auf. Es war mir im Moment, als ob das kleine drahtige Wesen und ich letztendlich gar nicht so weit auseinander wären, ja geradezu verwandt seien. Wenn nicht noch einiges mehr, so verbindet uns ja mindestens, dass wir zurzeit beide unterwegs sind und auch, dass wir einmal schlicht und einfach nicht mehr auf dieser Erde krabbeln beziehungsweise wandern werden ...

Der Anblick von Tieren – Hunde, Katzen, Schafe, Kühe, Pferde, auch Hühner usw. – ist immer wieder – und hier auf dem Jakobsweg besonders – eine erfreuliche Abwechslung. Ich versuche jeweils, möglichst nahe an sie heran zu gehen, reiche ihnen gelegentlich zum Beschnuppern den Handrücken, streichle und kraule sie wenn möglich (nicht gerade die Hühner) und rede ein wenig mit ihnen. Und wenn auch nichts Gesprochenes zurückkommt, habe ich doch meist das Gefühl, irgendwie wahrgenommen worden zu sein.

Geht normalerweise die Initiative zur Zwiesprache mit Tieren von mir aus, war dies gerade gestern einmal umgekehrt. Ich saß etwas abseits des Weges an abschüssiger Lage im Gras beim Picknicken, um mich herum einige kleinere Büsche, hinter mir, durch eine Hecke getrennt, weidende Kühe. So stumm sinnierend mein Mahl verzehrend, überkam mich das vage Gefühl, beobachtet zu werden. Als ich mich umschaute, sah ich etwa fünf Meter hinter mir, den Kopf über der Hecke, meinen Beobachter. Es war eine Kuh. Sie sah mich ruhigen, freundlichen und gutmütigen Blickes mit sichtlichem Interesse unverwandt an und es schien, als würde sie sich in ihrer Beobachtung so ihre Gedanken über mich machen. Ich begrüßte sie gebührend und wandte mich dann, etwas belustigt und erstaunt ob der intelligenten Neugier, wieder um.

Nach vielleicht fünf Minuten blickte ich nochmals nach hinten und, was ich nicht erwartet hätte, sie schaute noch immer in derselben engagierten Weise. Ich ging dann zu ihr hin und fragte, was sie so interessant finde und noch dies und jenes. Aber außer einer leichten Kopfbewegung und Wackeln mit den Ohren erhielt ich keine Reaktion. Nur anschauen wollte sie mich offenbar, sonst nichts. Kühe sind ja manchmal zutraulich und auch ein wenig neugierig, doch so etwas Beharrliches hatte ich noch nie erlebt. Sie beobachtete dann noch, wie ich mich wieder hinsetzte, und jetzt endlich drehte sie langsam den Kopf zur Seite, machte eine Wende und verließ kommentarlos die Szene. Vermutlich wusste sie nun genug.

An Wildtieren habe ich heute, außer Vögeln, nur ein Eichhörnchen gesehen, das bis jetzt einzige übrigens auf dem ganzen Weg. Es scheint, die Spanier hätten das Wild in ihrem Land ziemlich ausgerottet. Schade! Im Internet schreibt ein Pilger denn auch, er habe auf dem ganzen Camino Francés kein einziges Wildtier gesehen. Man fragt sich, warum die Spanier so blutrünstig sein moegen.

Was auch auffällt: Bis jetzt habe ich hier in Nordspanien wenig hübsche, anmutige Frauen gesehen. Es scheint, dass diesbezüglich die Verteilung auf dem Globus sehr ungleich ausgefallen ist, begegnet man doch zum Beispiel in der DomRep häufig attraktiven, aparten weiblichen Wesen. Dass Schönheit natürlich nicht alles ist, ist klar, aber sie fällt eben zuerst auf – und aus irgendeinem Grunde gibt es sie wohl auch.

Was auch noch etwas sonderbar ist: Sehr viele spanische Frauen, so scheint mir wenigstens, haben etwas Sprödes, ja geradezu Hartes an sich. Am deutlichsten wird es an ihrer Art zu sprechen. Man hat den Eindruck, sie seien gereizt oder mürrisch oder gar beides. Ich habe mich oft bemüht, sie sympathisch zu finden – es ist mir nie gelungen. Nun, etwas schüchterne Männer könnten sogar Angst bekommen. So zum Beispiel, abgesehen von mir, der kleine Martin. Er sagte einmal, er finde, die Spanierinnen schnauzten ihn oft so an und fügte besorgt hinzu: »Ich weiß nicht warum, ich habe ihnen doch nichts getan.« Martin läuft ja den Weg schon von Frankreich aus, und so lobte er denn, auf unnachahmliche, aus seinem Innersten kommende, etwas kindliche Art noch die französischen Frauen, wie lieb und zärtlich die seien.

Das Laufen war übrigens heute wieder eine gute, runde Sache, obwohl das Wetter mit Regen, wenig Sonne, Wind und tiefer Temperatur nicht gerade optimal war. Ich versuche zwischendurch immer wieder, bewusst, achtsam und aufrecht zu gehen. Dabei helfen mir von Zeit zu Zeit kleine »Weckrufe« wie »Bruno, bist du noch da?« oder auch der klassische Meister-Spruch »Wenn ich gehe, gehe ich«. Bringt mich wieder für kürzer oder länger in die Gegenwart, in das viel gepriesene »Hier und Jetzt«.

Zu Gegenwart und Achtsamkeit fällt mir auch noch die Alexander-Technik ein, worin ich mich früher bei einer sympathischen jungen Alexander-Lehrerin in Speicher AR (Appenzell Ausserrhoden) unterweisen ließ. Bei dieser Technik geht es kurz gesagt darum, die den psychophysischen Organismus schädigenden Verhaltensmuster aufzuspüren und ihn durch bewusste innere Ausrichtung optimaler zu gebrauchen. Die Schlüsselübung dabei ist der Gedanke:»Ich lasse den Hals frei, den Kopf nach vorne und oben streben, den Rücken länger und breiter werden und die Schultern sich weiten ...«. Dies, wenn man es genügend geübt und verinnerlicht hat, versetzt einen in ein ganz anderes mentales und körperliches Gefühl – freier, heiterer, souveräner. Die Alexander-Technik kann jedoch kaum alleine erarbeitet werden, ein/e guter Lehrer/Lehrerin ist unerlässlich. Das gleiche gilt übrigens auch für»Tai Chi«, die Meditation in Bewegung; ebenfalls eine vorzügliche Methode zur Körper-Geist-Integration.

Leider kam ich heute noch in die unangenehme und schwierige Lage, eine von einem Auto angefahrene tödlich verletzte Katze von ihrer Qual zu erlösen. Von Weitem sah ich, dass der junge Australier von gestern Abend sowie eine jüngere Frau etwas auf der Straße Liegendes beobachteten. Als ich näher kam, sah ich, dass es sich um eine schwerst verletzte Katze handelt und wusste schnell, dass es für sie keinerlei Rettung mehr gab. Ich bat die Umstehenden, weiterzugehen und erlöste das Tier – etwas abgeschirmt hinter einer Hausmauer – mit einem gezielten Schlag meines kräftigen Wanderstabes. Ich war froh, sowohl für die Katze wie auch für mich, dass es mit einem einzigen Hieb getan war. Sonst unfähig, ein Tier zu töten – außer Fliegen, Zecken und Cucarachas (Kakerlaken), da bin ich leider auch noch nicht buddhismuskonform – fiel es mir in dieser Situation relativ leicht, weil ich wusste, dass es notwendig und zum Wohl für das bedauernswerte Tier war. Ich bat dann einen älteren einheimischen Mann noch, die tote Katze zu entsorgen, was dieser ohne Weiteres tat.

Nach gut siebenstündiger Wanderung erreiche ich Palas de Rei. Ich durchquere das ganze Städtchen, hauptsächlich nach etwas , der Herberge, Ausschau haltend. Am andern Ende des Dorfes angekommen und nicht fündig geworden, gehe ich wieder zurück. Diesmal klappt es; mitten im Ort steht sie, zwar nicht besonders offensichtlich, doch sie steht.

144

Wie ich feststellen konnte, ist Palas de Rei, zumindest was ich davon gesehen habe, ein nicht sehr hübscher Ort, beherbergt aber immerhin 4 800 Einwohner, die es hier scheinbar aushalten. Die Pilgerherberge selbst ist nicht schlecht, wenn auch nicht gerade heimelig. Unterhalte mich hier im Laufe des Abends unter anderem etwas mit zwei netten, ruhigen Deutschen mittleren Alters, die wohl ebenfalls hier im großen Essraum sitzen, weil es draußen ungemütlich kalt ist. Einer der beiden ist Ornithologe und begeistert von der Vogelwelt, die er hier in Nordspanien zu sehen bekam. Interessanterweise habe ich davon eher wenig mitbekommen.

Rede auch noch etwas mit drei Pilgern aus Valencia, die unter anderem berichten, Valencia erhalte demnächst eine Formel-1-Rennstrecke, mitten in der Stadt, wie in Monte Carlo. Doch dies gehört eigentlich nicht mehr zum Jakobsweg ...

Dienstag, 19.06. – 31. Tag
Von **Palas de Rei** nach **Ribadiso** – 27 Kilometer

Ich starte heute Morgen um halb sieben. Nach etwa einstündiger Wanderung zeigt sich am Weg ein kleines romantisches Restaurant. Es kommt mir gerade recht, denn ein Kaffee ist im Moment wie gewünscht. Ein sympathischer heiterer Wirt trägt auch noch das Seine zu einem erfreulichen morgendlichen Start bei.

Wieder unterwegs, fängt es aber bald leicht zu regnen an, steigert sich in Kürze zu starkem, dann zu strömendem Niederschlag. Zurzeit gerade durch einen Wald laufend, finde ich Schutz unter einem großen Baum und warte. Nun, es sieht nicht danach aus, als hätte Petrus ein Einsehen, eher im Gegenteil. Während meines Ausstandes läuft noch der Buchhändler aus Ungarn trotz sintflutartigem Regen ruhigen Schrittes und mit einem seligen Lächeln vorbei.

Nach etwa fünfzehn Minuten, nachdem der mich schützende Baum die Wassermassen nicht mehr zurückhalten kann, laufe ich auch weiter. Oben bin ich ja mit einer wasserdichten Regenjacke geschützt, das ist einmal das Wichtigste, die Regenhose, die zuunterst im Rucksack liegt, belasse ich der Umstände halber dort, meine Beine können ruhig nass werden. Je länger ich nun bei strömendem Regen durch Feld und Wald stapfe, desto unproblematischer wird die Sache, ja macht geradezu Spaß. Ab und zu geht es durch knöchelhohen Schlamm und einmal durch eine »hohle Gasse« von etwa hundert Metern Länge, durch die schuhtief Wasser fließt. Das spielt jetzt aber keine Rolle mehr, nasser als nass kann man ja nicht werden.

Nach einem Marsch von vier Stunden, davon zwei bei starkem und eine bei mäßigem Regen, komme ich ins Dorf Melide. Steure ein Restaurant an und wechsle nun doch als Erstes in der engen Toilette – etwas umständlich und mit steifen Fingern – die Hose und vor allem die Socken. Schon 1963 hat ja die deutsche Krankenschwester im Sanatorium Braunwald zu mir gesagt: »Ohne Hose dürfen Sie gehen, aber nicht ohne Socken.« Wärme mich nach dem nasskalten Intermezzo noch mit einer galicischen Kräutersuppe – sie mundet vortrefflich –, mit Brot und einer Tasse Wein und ziehe darauf innerlich und äußerlich neu präpariert weiter. Meistens Hügel auf und ab, wie das in Galicien so üblich ist.

Jetzt, gegen Mittag, gibt es sogar noch etwas Sonne. Im Laufe des Nachmittags dann ständiger Wechsel zwischen starker Bewölkung und ein wenig Sonnenschein. Vorwiegend kalt und windig. Hätte nicht gedacht, dass man sich in Spanien im Sommer anziehen muss wie im Winter! Trotzdem ist Laufen heute wieder etwas Tolles, Bodenständiges, und diesen Jakobsweg gehen zu können, erscheint mir einmal mehr als ein echtes Privileg.

Komme schließlich zu einem munter eilenden Flüsschen, überquere die kleine Brücke und bin rechter Hand gleich bei der etwas abgelegenen Herberge in Ribadiso. Es ist eine gute, gediegene Herberge, bestehend aus etwa fünf alten, kreuz und quer zueinander stehenden, restaurierten Steinhäusern. Daneben, neu gebaut, ein stattliches Restaurant.

Da nach meiner Einquartierung, inklusive Trocknungsaktion von Kleidern und Schuhen, gerade wieder einmal kurz die Sonne durchkommt, nütze ich die Gelegenheit und mache noch einen Spaziergang auf der großen Herbergswiese – »auslaufen« sozusagen, wie es die Fußballer des FC St. Gallen nach dem Match jeweils tun – tun müssen. – Zurück in der Herberge, begegne ich vor einem der Häuser noch dem ungarischen Buchhändler. Er hält mir jetzt, heute Morgen noch zufrieden lächelnd durch Wald und Regen stapfend, konsterniert, wortlos, dem Schluchzen nahe, seinen Pilgerpass hin, auf dem all seine schönen Stempel vom großen Regen total verlaufen sind. Vielleicht war es in dieser Situation etwas hart, aber spontan wusste ich ihm keinen andern Rat zu geben als: »Noch mal von vorne beginnen ...«

»Meinen« Schlafraum teile ich heute übrigens unter anderen mit ihm sowie zwei distinguierten liebenswürdigen Finninnen, einer etwas älteren und einer jüngeren. Abendessen dann im Restaurant. Übliches Pilgermenü, nichts Erhebendes. Am Tisch sind Renata aus Landschlacht und eine adrette junge Bernerin, die ich zum ersten Mal sehe.

Übrigens, wenn ich so an die vielen Leute denke, denen ich bis jetzt auf dem Jakobsweg begegnet bin, machten wenige davon den Eindruck von bedächtigen, pietätvollen Pilgern, sondern meistens den von normalen Touristen, Alltagsmenschen halt. Aber das mag möglicherweise täuschen, immerhin hat es sogar bei mir während des Wanderns hin und wieder ganz automatisch und ungeplant angefangen zu »beten«. Dennoch glaube ich, heute sind nicht mehr so viele Menschen aus religiösen/ spirituellen Motivationen heraus unterwegs wie früher, wo zum Beispiel noch viel, ja zum Teil ohne Unterlass gebetet wurde, wie es etwa auch meine liebe Tante Frieda selig jeweils tat, wenn sie mit dem Zug nach Sachseln – Flüeli-Ranft zu Bruder Klaus pilgerte.

Der heutige Tag war trotz, oder gerade wegen des Regens, ein sehr gehaltvoller und ich möchte ihn nicht missen. Er wird in meine Jakobsweg-Geschichte eingehen als »Am Tag als der Regen kam ...«

Mittwoch, 20.06. – 32. Tag
Von **Ribadiso** nach **Monte del Gozo** – 37 Kilometer

Bin am Morgen um fünf in der Dunkelheit gestartet. Ist noch mal ein ganz anderes, schon ein wenig abenteuerliches Gefühl, in dunkler Nacht allein durch eine unbekannte Gegend zu laufen. Bereichert meinen Jakobsweg um eine weitere Facette.

Es geht nun wieder durch mehrheitlich hüglig bewegtes Gelände auf und ab. Oft durch Eichen- und jetzt, was neu ist, auch durch Eukalyptuswälder. Einige der Eukalyptusbäume haben eine beachtliche Größe, ich schätze so gegen einen Meter Stammdurchmesser, und meistens gehen sie pfeifengerade hoch, der Riesen-Eukalyptus bis zu 150 Meter, sagt man. Die grau-beige glatte Rinde sieht aus wie Papier, und es riecht logischerweise nach Eukalyptus. Der Eukalyptus ist übrigens hier kein einheimischer Baum. Er wurde, so heißt es, vor längerer Zeit aus Australien eingeführt und hat sich auf einem riesigen Gebiet in der Nord-West-Ecke Spaniens dermaßen verbreitet, dass es im Hinblick auf die Artenvielfalt als Katastrophe angesehen wird.

Nach drei Stunden nun am Weg ein Restaurant – endlich – und ein Frühstück, bestehend aus Kaffee und einem beachtlichen Käse-Bocadillo. Nach so einem morgendlichen »Spaziergang«, dazu wie immer etwa neun Kilo auf dem Rücken, verträgt man das gut. Es sind schon einige Pilger in der Gaststube, unter ihnen auch Andreas aus München (der, der nach Venedig laufen will). Ich setze mich zu ihm. Wir haben uns heute bereits je einmal gegenseitig überholt, nicht aus Konkurrenz – da hätte ich keine Chance – nein, weil es sich aufgrund unseres individuellen, aber scheinbar etwas variierenden Tempos einfach so ergeben hat. Nach einer halben Stunde brechen wir wieder auf. Andreas scheint auch eher Einzelgänger zu sein, deshalb läuft jeder wieder für sich allein. Ab und zu jedoch kürzere Gespräche mit andern Pilgern, oft auch nur ein Gruß. Eher selten Kontakt mit Einheimischen.

Das Wetter ist heute wieder wechselhaft. Regen – Sonne – Wolken ... Regen – Sonne – Regen. Fühle mich aber leicht, sozusagen in bester Verfassung, und ich könnte bestätigen, dass an dem Liedreim »So nimm den Wanderstab, es fallen deine Sorgen wie Nebel von dir ab« etwas dran ist. Bin heute, bis jetzt, gut gelaufen, besser denn je. Ich habe etwas vermehrt darauf geachtet, dem Rucksack nachzugeben und mir den Hals frei und den Kopf nach vorne und oben zu denken, um damit entspannt und mit möglichst geringem Kraftaufwand zu wandern.

In Anbetracht der gelaufenen Stunden sollte es nun aber gelegentlich dem Etappenende zugehen. Die Herberge will und will aber nicht auftauchen. Es geht unnatürlich lange in einem Außenbezirk von Santiago, etwas erhöht, auf einer schnurgeraden Straße, immer weiter und weiter, ohne die geringste Spur eines gelben Pfeils. Ebenfalls keine Spur von Jakobspilgern. Die scheinen wie ausgestorben. Dabei soll doch die Herberge in Monte del Gozo 450 Betten(!) groß sein, sodass man meinen würde, da sollte schon ab und zu noch der eine oder andere eintrudeln. Habe ich vielleicht wieder einmal, trotz Achtsamkeit, einen gelben Pfeil übersehen? Das Ganze kommt mir zunehmend verdächtig vor. Ich halte deshalb ein Auto an und frage den Fahrer, mich entschuldigend, ob es hier vielleicht nach Monte del Gozo gehe. Er bestätigt es. Also doch! Damit ist meine vorherige Gemütsruhe wieder hergestellt.

Nach etwa zwanzig Minuten komme ich nun zur Herberge, einem enormen Komplex an Hanglage mit etwa einem Dutzend dreißig Meter langen grauen Baracken, die von der zentralen Straße beidseitig im rechten Winkel abgehen. In der ersten dieser Baracken ist die Pilgerrezeption. Hier warten nun doch schon einige Leute. Auf einem Zettel an der Tür steht »Bin essen gegangen, halb fünf wieder zurück«. Somit wartet man – etwa eine Stunde – was nicht weiter schlimm, aber auch nicht gerade lustig ist, unter anderem des kühlen Wetters und der nicht gerade bequemen Örtlichkeit wegen. Er, der Hospitalero, ein agiler, souveräner Mann von etwa vierzig Jahren, kommt nun endlich, mit Verspätung, begibt sich aber wenigstens gleich schwungvoll an die Arbeit. Er widmet sich jedem Pilger sehr individuell und auf angenehme, humorvolle Art.

Nachdem ich registriert bin, suche ich die mir zugeteilte Baracke und dort die Zimmernummer. Ist etwas düster und kalt in diesem Achterzimmer, in das ich eintrete. Da es aber nur für eine Nacht ist, kann ich es verschmerzen. Man ist ja, besonders nach 37 Kilometern Wanderschaft, schon zufrieden, wenn man eine einigermaßen anständige Matratze hat, worauf man sein »müdes Haupt« betten kann.

Nun wieder die alltägliche Herbergsroutine. Anschließend gehe ich, zusammen mit einem etwa sechzigjährigen kroatischen Pilger, den Weg, den wir gekommen sind, noch mal zurück, dreihundert Meter jedoch nur, um im Lebensmittelladen einzukaufen. Hier amtiert als Verkäufer ein ungefähr zwölfjähriger Bub. Bin etwas erstaunt über den Knaben, denn es macht den Anschein, als wären für ihn Kunden das größte Übel der Welt. Widerwillig, wortkarg, ja geradezu bockig benimmt sich dieser junge Mann. Mit etwas Mühe bekommen wir aber schließlich doch noch, was wir wollen.

Zurück in der Herberge hole ich im etwas kahlen, jedoch geheizten Essraum, zusammen mit dem für sein Alter jugendlich und topfit aussehenden Kroaten, den heute ausgelassenen Mittagsimbiss nach. Mein Gegenüber, schon Jahrzehnte in Deutschland lebend, ist ein interessanter, redefreudiger Mann, der über sehr vieles Bescheid zu wissen scheint, auch über den Jakobsweg, den er, wie er sagt, schon zum zweiten Mal geht.

Komme, etwas später am Abend vor dem Barackeneingang auch noch mit zwei älteren deutschen Pilgern (jedoch jünger als ich – wenn man 70 ist, sind die anderen meistens jünger als man selbst, besonders auf dem Jakobsweg) ins Gespräch. Beide beurteilen den »Camino« für sich als Glücksfall, der ihnen viel gebracht habe. Unter anderem mehr Ausdauer, Gelassenheit – gar Demut. Einer von ihnen meint noch, das bedeute nicht, dass jetzt alle Probleme gelöst seien, die werde es weiterhin geben, aber man werde ihnen vielleicht etwas gelassener begegnen.

Ich meinerseits kann ihnen nur beipflichten und noch hinzufügen, dass dieser Weg für mich, so banal er zwischendurch auch immer wieder erschien, in seiner Gesamtheit nun doch je länger je mehr unerwartet zu einem unvergleichlichen Erlebnis geworden ist. Das Geheimnis der Faszination Jakobsweg könnte also, so wie ich das sehe, zur Hauptsache im schlichten und einfachen Laufen – möglicherweise vor allem im alleine Laufen – von längeren Etappen und für einen längeren Zeitraum (mindestens vier Wochen, schätze ich) liegen. Vermutlich spielt dabei auch noch eine rational nicht erklärbare, transzendente Komponente eine nicht unwesentliche Rolle.

Morgen geht es nun zum Endspurt. Es fehlen noch fünf Kilometer bis zur Kathedrale von Santiago de Compostela, deren Silhouette ich heute um 15 Uhr zum ersten Mal aus der Ferne erblickte ...

Donnerstag, 21.6. – 32. Tag
Von **Monte del Gozo** nach **Santiago de Compostela** – (Kathedrale) – 5 Kilometer
Von **Santiago de Compostela** (Kathedrale) nach **Negreira** – 23 Kilometer

Laufe durch Vorstadt- und Stadtgebiet von Santiago. Nichts Erwähnenswertes. Folge einfach wieder, wie ich es inzwischen mehr oder weniger gelernt habe, den gelben Pfeilen. Am Rande der Altstadt, erste Kaffeepause in hübscher Bar. Der Kaffee kostete bis jetzt fast überall um einen Euro herum (also etwa einen Franken sechzig), in Santiago scheint er nun paradoxerweise sogar noch günstiger zu sein. Zudem wird hier in dieser modernen, gediegenen Bar ein kleines, exzellentes Gebäck dazugegeben, samt freundlichem Blick der Serviertochter – nebensächliche, doch sympathische Kleinigkeiten.

»Gestärkt« mit frischem Koffein laufe ich von hier nun gleich den einen Kilometer zum Busbahnhof, also weg von der Innenstadt. Nach insgesamt etwa 800 Kilometern immer brav nach Westen, geht es nun für einmal in nördliche Richtung, um meine Rückfahrt nach Zürich zu buchen. Es gibt noch genügend Platz für den 26. Juni, den ich als Rückreisetermin vorgesehen habe, also reserviere ich gleich einen Platz bei der Busunternehmung ALSA und freue mich, dass es gleich so gut geklappt hat.

Wieder zurück in der Altstadt, finde ich den Weg, sozusagen die »Zielgerade« zur Kathedrale, problemlos. Ich komme von der Rückseite, gehe an ihrer rechten Flanke die leicht abfallende Straße hinunter und befinde mich gleich mitten auf dem großen, noch menschenleeren Platz vor der Kirche, der Praza do Obradoiro.

Seit mehr als einem Jahr war diese Kathedrale eine feste Größe in meiner Vorstellung, nun steht sie vor mir, in grauschwarzer Patina, imposant, majestätisch ... Eine relativ lange Zeit ist vergangen zwischen diesem Augenblick und dem Zeitpunkt, an dem ich zum ersten Mal den Gedanken hatte, auf den Jakobsweg zu gehen und in der Kathedrale zu Santiago de Compostela das Weihrauchfass schwenken zu sehen.

Etwas überraschend, aber sehr sympathisch, kommt nun die adrette Bernerin (von Ribadiso) freundlich und zufrieden lächelnd langsam und fast behutsam über den Platz auf mich zugeschritten. Sie macht nicht den Eindruck, als wäre sie mit schwerem Rucksack 800 Kilometer Jakobsweg gelaufen, sondern es scheint fast eher, als ob sie ihn gerade beginnen würde. Wir begrüßen uns, unterhalten uns ein wenig und schauen immer wieder in eine ein-

zige Richtung, in die der Kathedrale. Anschließend betrachte ich diese noch ausgiebig von allen Seiten, denn da ich, wie gesagt, keinen Fotoapparat bei mir habe, muss ich natürlich doppelt gut hinschauen. Gehe auch noch in die Kirche hinein. Eindrücklich, was sich da dem Auge bietet. Verblüffend, zu welchen Leistungen der Gottesgedanke Menschen inspirierte, hier und anderswo.

Da ich heute noch in Richtung Finisterre weiterlaufen möchte, mache ich es eher kurz und begnüge mich mit einem generellen Eindruck. Komme ja, so Gott will, nachher nochmals hierher zurück. Ich verlasse also die sakrale Stätte und sehe mich noch ein wenig in der gepflegten Altstadt um. Neben den vielen antiken Monumenten und Gebäuden sind es vor allem auch die schönen, überall mit riesigen Granitsteinquadern gepflasterten Gassen und Straßen, die mir auffallen. Pilger und andere Leute werden wohl noch jahrhundertelang ohne zu stolpern darüber schreiten können! Santiago hat übrigens 95 000 Einwohner, davon sollen 30.000, also etwa jeder Dritte, Studenten sein. Scheint auf den ersten Blick überraschend viel!

Nun ist es zehn Uhr, Zeit mich auf den Weg zum heutigen 23 Kilometer entfernten zweiten Etappenziel Negreira zu machen. Nach einigen Hundert Metern stadtauswärts treffe ich gleich schon auf Renata aus Landschlacht und Peter aus Polen, die ebenfalls Richtung Finisterre laufen wollen. Wir gehen zusammen weiter. Etwas später holt uns noch die adrette Bernerin ein. Der Weg führt hier recht extrem Hügel auf und ab, jedoch eher mehr auf als ab. Die jungen Leute gehen ihn in rasantem Tempo an – und ich mit ihnen.

Nach etwa 30 Minuten merke ich, dass ich diesen relativ hohen Rhythmus auf die Dauer nicht halten kann. Ich lasse die andern ziehen und laufe langsamer. Allerdings kam die »weise« Einsicht zu spät, denn nun, etwa eine halbe Stunde später, schleicht sich prompt Schwäche und ein zunehmendes Unwohlsein bei mir ein. Nun habe ich meine Lektion wieder einmal fürs Ewig-jung-sein-Wollen. Laufe trotzdem langsam weiter, bis es nach etwa zwanzig Minuten steil bergauf geht und ich merke, dass ich wirklich am Anschlag bin. Nun muss ich, ob ich will oder nicht, eine Pause einlegen. Eine Sitzbank am Rande des kleinen Sträßchens kommt mir gerade recht. Das Einzige, was sich jetzt tun lässt, ist ausruhen, warten, auf Erholung hoffen.

Wie kann man nur so dumm sein und seine Grenzen immer wieder überschreiten! Dumm ist, wer den gleichen Fehler zweimal macht, heißt es. Und das tue ich gelegentlich. (»Zum Glück is' Gott aber trotzdem manchmal auch mit die Dummen«, wie ein alter deutscher Arbeitskollege jeweils zu sagen pflegte).

Ich benütze nun die Gelegenheit, da ich ohnehin schon dasitze, die Mittagsverpflegung auch gleich zu bewerkstelligen. Nach einer Stunde Rast fühle ich mich Gott sei Dank wieder wesentlich besser. Begebe mich also auf den Weiterweg. Obwohl es steil bergauf geht, spüre ich überraschenderweise, dass der »Motor« wieder fast normal zieht. Habe also Glück gehabt, dass die Schwäche nur von kurzer Dauer war, und nicht, wie sonst bei mir üblich, zwei Tage dauert.

Es geht nun fast eine Stunde auf einen Höhenzug mit kümmerlicher und etwas chaotischer Bewaldung. Anschließend ein markanter Abstieg und weiter durch kupiertes Gelände. Landschaftlich insgesamt nicht besonders reizvoll.

Gelange anschließend zu einem Fluss, überquere ihn auf alter, malerischer Brücke und komme am andern Brückenkopf gleich in einen hübschen Weiler. Diese Szenerie verbessert nun die Bilanz der vorherigen visuellen Eindrücke schlagartig um einiges und es geht von da an bis zum Etappenziel sogar größtenteils durch eher ansprechende Umgebung, wobei die Sonne auch noch freundlich ihren Anteil beisteuert – wie schon so oft.

In Negreira (7 000-Einwohner) angekommen, laufe ich, um zur Herberge zu gelangen, durch das ganze Städtchen und am andern Ende durch ein historisches Stadttor hinaus und dann noch etwa 300 Meter auf asphaltiertem Sträßchen bergauf. Da liegt das »Refugio«, ein großes, neues, gefälliges Einfamilienhaus, das mit den vielen Leuten, die ich da sehe, gefährlich nach »Ausgebucht« riecht. Auf meine Anfrage, ob es noch Platz habe, meint die Herbergsleiterin zuversichtlich »Ja, ja«, wobei, wie sich dann herausstellte, der Rückhalt ihrer Zuversicht Notmatratzen waren, die später dicht nebeneinander auf dem Boden ausgelegt würden. Es gibt also für die später Gekommenen noch keine »Bettzuteilung«, da der Raum vorderhand noch seinem eigentlichen Zweck als Ess- und Aufenthaltsraum dienen muss.

Ich deponiere meinen Rucksack bei den anderen, die schon auf einem Haufen in einer Ecke liegen, entnehme ihm vorher aber noch, was ich zum Duschen, Kleider wechseln und zum Essen brauche, was unter diesen Umständen schon ein wenig komplizierter ist, als wenn man seine Auslegeordnung wenigstens auf einer Matratze erstellen kann. Im Vergleich zur jetzigen Lage ist Letzteres schon fast luxuriös.

Nach dem Duschen setze ich mich in einen Fauteuil, der sich gerade anbietet, und schaue ein wenig dem Durcheinander der teils bekannten, größtenteils aber unbekannten Pilger zu, die mit Kochen, Essen, Trinken, Waschen, Diskutieren, Hin-und-her-Laufen und was weiß ich noch allem beschäftigt sind. Etwas später gehe ich noch kurz ins Städtchen zurück, unter anderem um Alexandra von einer Telefonkabine aus zu informieren, wann ich gemäß heute getätigter Busreservierung wieder in Schaffhausen aufkreuzen würde. Diesmal hat sie, im Gegensatz zum Telefonat von Pamplona, nichts gegen meine Rückkehr einzuwenden.

Zurück in der Herberge, um circa halb zehn, kommt die »Frau Hospitalerin«, schaut verheißungsvoll in die Runde der Wartenden, lässt ihre Augen auf mir ruhen und fragt mich, ob ich schon ein Bett habe. Ich verneine, worauf sie mir eines in einem Viererzimmer offeriert, welches sie offenbar frei gehalten hat. Ich nehme gerne an und danke es ihr mit einem spontanen Kuss auf ihre auch nicht mehr ganz junge Wange. Im ersten Moment glaubte ich, vielleicht aus Sympathie zu dem privilegierten Bett gekommen zu sein, realisierte dann aber bald, dass es wohl eher aus Rücksicht auf mein etwas fortgeschrittenes Alter geschehen war. So wurde mir am heutigen Tag gleich zweimal bewusst, dass ich eben doch nicht mehr zu den ganz Jungen gehöre ...

Das Bettprivileg betreffend musste ich im Nachhinein feststellen, dass ich vielleicht auf dem Boden ebenso gut, wenn nicht gar besser geschlafen hätte, schnarchte doch eine Dame in unserem Zimmer die ganze Nacht hindurch, als ob sie dafür besoldet wäre.

Freitag, 22.06. – 34. Tag
Von **Negreira** nach **Vilaserio** – 13 Kilometer

Bin am Morgen gut gestartet und anfänglich noch zufrieden, ja wieder einmal fast glücklich, in Gottes freier Natur wandern zu können. Es geht etwa eine Stunde auf schmalem aber gutem Weg mäßig bergauf durch schöne Waldpartie. Hier, wie oft in Wäldern, herrscht eine wohltuend heile Stille, ähnlich wie sie in leeren alten Kirchen manchmal anzutreffen ist. Im bekannten Männerchorlied heißt es denn ja auch wahrscheinlich nicht umsonst »Der liebe Gott geht durch den Wald ...«

In Anbetracht der gestrigen Schwäche gehe ich heute am Anfang besonders vorsichtig. Trotzdem überkommen mich ohne ersichtlichen Grund nach und nach erneut Schwäche und Unwohlsein. Ruhe mich auf einem Findling am Wegrand etwa eine halbe Stunde aus. Es wird aber nicht besser. Gehe trotzdem weiter, mache nach etwa zwei Kilometern in einer am Weg liegenden Bar erneut halt und trinke eine warme Milch. Anschließend laufe ich für eine halbe Stunde mit einem jungen sympathischen Franzosen, der, wie er mir erzählt, die Asche seines verstorbenen Vaters im Rucksack trägt, um sie irgendwo in Spanien der Erde oder dem Wasser zu übergeben. Da wir uns angeregt unterhalten, vergesse ich meine schlechte Verfassung vorübergehend ein wenig. Sie kehrt jedoch bald wieder zurück und signalisiert mir je länger je deutlicher, dass ich das Etappen-ziel Olveiroa, weitere 22 Kilometer, heute unmöglich aus eigener Kraft erreichen kann.

Auf der kleinen Landstraße, auf der wir gerade bei leichtem Regen gehen, halte ich somit ein Auto an und frage den Fahrer, einen älteren Mann, ob er mich Richtung Olveiroa mitnehmen könne. Er sagt ja, er würde jedoch nur noch einen Kilometer weit fahren. Wenn es auch nicht gerade ein Superangebot ist, benutze ich die Gelegenheit gerne und fahre mit. Ich frage ihn, ob es vielleicht einen Bus nach Olveiroa gebe. Er meint, es gebe hier keinen Bus, aber im Dörfchen Vilaserio, wo wir gleich ankommen werden, habe es eine Herberge (ist, da scheinbar neu eröffnet worden, noch nicht in meinem Führer verzeichnet). Unter den gegebenen Umständen ist klar, dass ich heute da übernachten werde.

Der Automobilist ist übrigens der Wirt des Dorfrestaurants. Ich gehe mit ihm in seine Gaststube und bestelle abermals warme Milch, diesmal, auf die Heilkraft von Milch und Honig setzend, mit Bienenhonig, den mir das nette Fräulein in einer großzügigen Portion sogar gratis dazugibt.

Laufe anschließend langsam, meiner Verfassung angepasst, den halben Kilometer zur Herberge, die sich als etwas verkommenes altes Schulgebäude offenbart. Ich schaue mir die ersten zwei Zimmer an und stelle fest, dass sie sich nicht gerade in einem feudalen Zustand befinden und außer alten, unordentlich auf dem Boden liegenden Matratzen, kahl und leer sind. Aber was ich brauche, ist genau eine Matratze, kann also der Vorsehung durchaus dankbar sein. Ich entscheide mich für das kleine hintere Zimmer mit zwei Matratzen, quasi einem »Doppelzimmer«, für mich allein.

In der Herberge ist es still und es scheint, als wäre kein weiteres menschliches Wesen da. Als ich aber das ganze Haus »rekognosziere« und Tür für Tür vorsichtig öffne, erblicke ich in einem der Räume unverhofft eine ältere Frau, die ebenfalls ruhebedürftig zu sein scheint, liegt sie doch schon um die Mittagszeit auf einer Matratze darnieder. Bei unserem gegenseitigen Vorstellen erfahre ich, dass sie Nancy heißt und Amerikanerin ist (der Name will jedoch irgendwie nicht so recht zu ihr passen – ich stellte mir unter diesem Namen immer etwas Jüngeres, Zarteres vor – Nancy Sinatra vielleicht). Sie hat ihren Jakobsweg in Santiago begonnen und leidet nun halt schon unter Knieproblemen.

Nach einer Weile des Plauderns besinne ich mich wieder auf mein eigenes Befinden und begebe mich in mein Schlafgemach, um zu tun, was nötig ist, nämlich in den Schlafsack schlüpfen, Augen zu und wenn möglich schlafen.

Als ich nach drei Stunden erwache, fühle ich mich bedeutend besser. Da sich auch noch der Appetit meldet (was normalerweise kein schlechtes Zeichen ist), mache ich mich in Begleitung von Nancy auf den Weg zurück zum Restaurant. Wir bestellen Speck und Spiegelei mit Bratkartoffeln. Es schmeckt diesmal nicht nach Pilgermenü, sondern ausgezeichnet, was meiner Genesung gleich noch einen weiteren deutlichen Schub verleiht.

Wieder auf dem Rückweg zur Herberge, treffe ich auf der Landstraße Hansjörg aus Romanshorn (bekannt von der Herberge Villarente), der gerade bei einem am Straßenrand stehenden Lebensmittel-Verkaufswagen einkauft. Ich benutzte die Gelegenheit ebenfalls, etwas Proviant zu erstehen. Als wir uns am Schluss noch als Schweizer zu erkennen geben, erwähnt die nette Chauffeuse-Verkäuferin unter anderem, sie habe einige Jahre in der Schweiz gelebt und gearbeitet. Die Herbergsleiterin von Negreira gestern Abend übrigens auch und desgleichen eine Ladenbesitzerin in Santiago. Alle schienen sich gerne an ihre »Schweizer Zeit« zu erinnern, teilweise sogar mit leuchtenden Augen. (Ja, da haben wir sie wieder, die gute, schöne, von Ausländern oft als Paradies empfundene Schweiz!) Hansjörg quartiert sich nun ebenfalls in »unserer« Herberge ein. Später kommen noch eine jüngere Französin sowie zwei Spanier dazu.

Das Wetter war heute wieder regnerisch, ab und zu Sonne, mehrheitlich kalt. Aprilwetter, wieder einmal!

Ich habe mich inzwischen so weit erholt, dass es danach aussieht, als könne ich morgen normal weiterlaufen. Nur nicht gleich die 42 Kilometer nach Cee, die ich zwingend hinter mich bringen muss, um am Sechsundzwanzigsten rechtzeitig für die gebuchte Rückfahrt nach Zürich in Santiago zu sein. Damit der Zeitplan wieder stimmt, werde ich also die heute verpassten 21 Kilometer nach Olveiroa morgen früh mit einem Taxi bewältigen müssen. So bleiben mir dann bis Cee nur noch ebenfalls 21 Kilometer zu laufen, was mir bei meiner vielleicht doch noch etwas eingeschränkten Leistungsfähigkeit in meinem rekonvaleszenten Zustand eine vernünftige Distanz zu sein scheint. Nancy beschließt, auch mitzufahren – ob ihrer Kniebeschwerden wegen oder um meine Gesellschaft nicht gleich wieder zu verlieren, weiß man nicht so genau.

Der Abend in der etwas dürftigen, kühlen Herberge ist nun nicht gerade begeisternd und so begebe ich mich früh wieder zu meiner Schlafstätte. Schlafend lässt sich diese etwas ungemütliche Bleibe noch am ehesten bewältigen ...

Samstag, 23.06. – 35. Tag
Von **Olveiroa** nach **Cee** – 21 Kilometer

Um acht Uhr holt uns der Wirt von gestern, nun in der Eigenschaft als »Taxi«, bei der Herberge ab. Er fährt, wie mir scheint, ziemlich kreuz und quer durch die etwas kahle und nicht sehr interessante Gegend. Ab und zu geht es noch durch leichte Frühnebelschwaden. Unser Chauffeur versichert aber, es sei die kürzestmögliche Route, was ihm zu glauben ist, umso mehr, da wir ja als Entschädigung eine Pauschale abgemacht hatten.

Unterwegs sehen wir zweimal Pilger tapfer am Wegrand laufen. So bequem im Auto fahrend, beschleicht mich wieder einmal ein etwas schlechtes Gewissen. Da hilft auch der plausible Grund mit dem »26.06.« nicht viel. Und irgendwie beneide ich die Leute sogar noch, die da laufen. Es wird mir wieder einmal bewusst, welche Qualität im einfachen Laufen liegt oder liegen kann. So meint denn zum Beispiel auch Reinhold Messner, die Schöpfung sei wandernd am intensivsten zu erleben und Goethe:»Nur wo du zu Fuß warst, bist du wirklich gewesen.« Zwar ist zu Fuß gehen nicht die schnellste, aber sicher die menschengemäßeste Fortbewegungsart. Und der»Homo erectus«, oder einfacher gesagt, der aufrechte Mensch, hat sie ja auch bis vor Kurzem Hunderttausende von Jahren, wenn nicht länger, erfolgreich angewendet.

Nach einer halben Stunde in Olveiroa angekommen, laufen wir noch kurz ein wenig im Weiler umher und kommen unter anderem auch bei der Herberge vorbei. Sie macht von außen einen sympathischen Eindruck. Wie überall in Galicien stehen auch in diesem Dorf wieder einige der typischen, auf Stelzen gelagerten niedlichen Kornspeicher herum. Wenn es diese originellen Gebilde hier nicht gäbe, würde man sie regelrecht vermissen.

Im Grunde genommen wollen wir aber nicht in erster Linie Kornspeicher bewundern, sondern frühstücken und suchen deshalb nach einem Restaurant. Bald finden wir ein außerordentlich Gediegenes. Wir sind im Moment die einzigen Gäste und der freundliche junge Wirt bedient uns aufmerksam und zeigt uns anschließend gleich noch das ganze in rustikalem Stil sehr gekonnt und schön renovierte Gebäude. Dann marschieren wir los. Ich lasse jedoch Nancy bald hinter mir, denn ich möchte aus bekanntem Grund, wenn immer möglich, lieber alleine laufen.

Es geht nun anfangs gleich wieder einmal bergauf und im Weiteren durch hügeliges Gebiet, tendenziell ansteigend und mit eher karger Vegetation – Wiesen, viel Wachholdergebüsch, wenig Wald. Ist geradezu wieder ein Leckerbissen, hier zu wandern. Es tauchen immer neue reizvolle landschaftliche Aspekte auf, zum Beispiel da links unten gerade ein romantisches Tälchen mit frisch und munter zwischen Felsen und Findlingen dahinstürzendem Flüsschen. Dazu strahlendes Frühsommerwetter.

Laufe in den Weiler Hospital de Logoso hinein. Beim ersten Haus kommt mir mitten auf der Straße ein altes, schwarz gekleidetes, fast zahnloses Weiblein entgegen und beginnt, ohne zu grüßen, gleich eifrig auf mich einzureden. Leider verstehe ich kein Wort, denn was sie äußert, scheint nicht gerade Spanisch und noch weniger Deutsch zu sein. Vielleicht ist es Galicisch, wer weiß. Nach einer gewissen Zeit, in einem günstigen Moment, sage ich ihr freundlich zustimmend »Muy interesante« und verabschiede mich mit »Adios y buena suerte«. Vielleicht hat sie mich wenigstens verstanden!

Nicht lange danach erscheint wieder ein Weibchen, diesmal ein junges. Eine anmutige, zierliche Asiatin in leuchtend gelbem Pullover sitzt mutterseelenallein am kleinen Fluss auf einem Uferstein wie eine Meerjungfrau, versunken in das vorbeieilende, in der Sonne glitzernde Wasser blickend. Ein unverhoffter, reizvoller Anblick! Ich komme näher, trete zu ihr hin, grüße und frage, ob alles in Ordnung sei, was sie asiatisch lächelnd bejaht. Sie gibt sich als Koreanerin zu erkennen und sagt unter anderem, sie gehe nicht direkt nach Finisterre, sondern mache zuerst den lokalen Pilgerweg nach Muxía zu einem Heiligtum nördlich von Finisterre.

Die fernöstlichen Mädchen, deren hier auf dem Jakobsweg nicht wenige unterwegs sind, machen übrigens ausnahmslos einen sehr liebenswürdigen, unkomplizierten und zudem bescheidenen Eindruck. Sie scheinen überhaupt nicht eingebildet zu sein, und man hat immer schnell einen guten Draht zu ihnen. Ich überlasse dieses Eine dennoch alsbald wieder seinem sichtlichen Frieden am Wasser, wünsche ihm »Buen camino« und begebe mich auf den Weiterweg.

Komme etwas später auf dem Kulminationspunkt des Haupthöhenzuges an, der grob gesehen zwischen Olveiroa und meinem Etappenziel Cee liegt. Hier, an der Hauptstraße, steht ein Restaurant. Gönne mir da eine kurze Pause und genehmige mir ein kühles Bier.

Erneut auf dem Weg, fällt bald nach dem Restaurant eine stillgelegte, hässliche Hochofenanlage größeren Ausmaßes auf, ein ziemlich negativer Kontrast in der bisher größtenteils schönen bis sehr schönen Landschaft.

Weiter geht es nun mehr oder weniger ebenaus durch Heidegebiet und dann Föhrenplantagen, die jedoch zu großen Teilen verkohlt dastehen (Waldbrand). Erblicke um die Mittagszeit – von hier oben wie aus der Vogelschau – in der Ferne das Meer, den Atlantischen Ozean, zum ersten Mal von der europäischen Seite aus. Etwas später dann die lang gestreckte, weit in die See hinausragende Landzunge mit ihrem Endpunkt Finisterre (Ende der Welt!). – Still liegt das gleißende Meer und liegt das Festland mit seinen mannigfaltigen Armen, Einbuchtungen und Halbinseln da. Von dieser hohen Warte aus scheint alles sehr ruhig und friedlich – keine Spur menschlicher Turbulenzen.

Der letzte Teil des Weges – mit dem Städtchen Cee und dem weiten Küstenpanorama im Blickfeld – ist nun besonders reizvoll. Es scheint, dass ich heute hier auf dem Höhepunkt ruhigen, sorglosen und heiteren Wanderns bin. Den morgen noch verbleibenden Weg die Küste entlang vor Augen, mit Finisterre am äußersten Ende, versetzt mich irgendwie in eine geradezu feierliche Stimmung.

Etwa einen Kilometer vor Cee geht nun der Weg zwar noch bachbettähnlich steil nach unten, stellt jedoch kein Problem dar, eher im Gegenteil, es ist eine kleine, zusätzliche sportliche Herausforderung und weckt zudem nostalgische Erinnerungen an Bergtouren im Alpstein (Säntis), wo man oftmals in jungen Jahren steilste und unwegsamste Abstiege fast im Laufschritt bewältigte. Ich überhole hier noch die etwas beleibte aschblonde Dame, die in der Herberge Negreira so tüchtig schnarchte. Sie schwitzt jetzt, lacht und seufzt dazu. Ihr scheint das Bachbett nicht sonderlich zu behagen.

Unten, auf Meereshöhe, im 7 000 Seelen zählenden Cee ange-kommen, habe ich etwas Mühe, die Herberge zu finden. Dies-mal liegt's an den tatsächlich einfach nicht vorhandenen Pfei-len sowie an einem Menschen, der mich in die falsche Richtung weist. Vielleicht war es aber nicht Willkür, wie ich anfänglich dachte, sondern er meinte möglicherweise eine andere Herberge im etwa einen Kilometer entfernten und an Ceè anschließenden Dorf Corcubión. Schließlich finde ich aber die entscheidende Wegbiegung zu einem relativ großen nüchternen Verwaltungs-gebäude doch noch, in dem unten in der Turnhalle die Betten stehen und die Matratzen für die Pilger liegen und sich auch die notwendigen Sanitäranlagen befinden. Gleich eingangs des Gebäudes ist ein Büro und daselbst ein Zivilschutzbeamter oder Polizist, der mich einschreibt. Suche mir anschließend unten in der Turnhalle ein Bett aus, gehe duschen und lege mich danach für ein Stündchen draußen an der Sonne ins Gras. Es fühlt sich gut an, nach getaner »Arbeit« einfach nur dazuliegen und sich der Schwerkraft zu überlassen.

Nun, ganz ohne Wermutstropfen ist aber der heutige Tag doch nicht abzubuchen. Ein leichter Schmerz im rechten unte-ren Schienbein nämlich, den ich gestern schon spürte, steigerte sich heute erheblich und tut jetzt gegen Abend schon ziemlich weh. Es scheint, dass es sich um eine Sehnenentzündung han-delt, die, wie ich mir sagen ließ, hin und wieder bei »Weitwande-rern« auftrete. Dachte in meinen bisherigen siebzig Jahren nie daran, dass es da unten am Schienbein Sehnen gibt und noch weniger, dass sie sich entzünden könnten! Dank meiner momen-tan guten Gesamtverfassung hat mich das Ganze heute jedoch während des Wanderns überhaupt nicht gestört. Nun scheint es aber, die Sache könnte doch etwas problematisch werden. Abwarten! Behandle vorsichtshalber mit Gel.

Gehe nun nochmals ins Städtchen, um ein wenig Proviant zu besorgen und um meinen lieben Bruder Adelbert, der mich in der Schweiz jeweils umherchauffiert, anzurufen und ihm mitzuteilen, wann er ungefähr zum »Einsatz« kommen könnte. Etwas später Abendpicknick im kleinen Atrium des Gebäudes mit Juni und Sook, zwei netten, jungen Koreanerinnen. Juni, die Jüngere, trinkt dabei fast eine Flasche Wein und wird immer lustiger.

Am späteren Abend findet zufällig auf dem Gebäudevorplatz das traditionelle lokale »Sardinenfest« statt. Auf einem riesigen Rost, etwa zwei auf zwei Meter, werden über glühenden Kohlen massenhaft große Sardinen gebraten und mit Brot und Wein gereicht. Wir schauen ein wenig zu und werden von den Einheimischen bald freundlich eingeladen, auch mitzutun. Ich bin jedoch schnell satt, denn ich habe ja schon »diniert« und zudem sind die Sardinen kaum gesalzen und Fisch ist sowieso nicht gerade mein Lieblingsgericht. Doch wichtig ist ja vor allem das Mitmachen! Später, beim Schlafengehen, stelle ich fest, dass ich in meinem Nachtlager von vier kessen spanischen Krankenschwestern umgeben bin – was will ich mehr ...

Sonntag 24.06. – 36. Tag
Von Cee nach Finisterre (Galicisch: Fisterra) – 16 Kilometer

Ich frühstücke heute um acht Uhr in einem Restaurant an der Uferpromenade. Die Sehnenentzündung im Schienbein hat sich drastisch verschlechtert. Überlege mir, ob ich Schmerzmittel nehmen soll, denn es scheint, ohne seien die anstehenden sechzehn Kilometer nicht zu bewältigen. Entscheide mich dafür und schlucke sie. (Dachte später, es wäre besser gewesen, ich hätte nichts genommen, wäre eine Gelegenheit gewesen, mich ein wenig in Schmerzresistenz zu trainieren und zu testen, was man so auszuhalten imstande ist. Aber eben, im Moment des Schmerzes möchte man nichts anderes, als ihn so schnell wie möglich loswerden.)

Begebe mich nun bei schöner klarer Morgenstimmung, blassblauem, im Osten ins Zartrosa übergehendem Himmel, hinkend auf den Weg. Sicherheitshalber laufe ich auf der Hauptstraße, um im schlimmsten Fall ein Auto anzuhalten. Landschaftlich ist es hier, wenn man vom Reiz des Meeres absieht, eher mittelmäßig. Hat natürlich auch damit zu tun, dass ich eben größtenteils, wie gesagt, auf der Hauptstraße laufe und auf Hauptstraßen ist es nun einmal meist nicht so idyllisch. Trotzdem bemächtigt sich meiner auf dieser letzten Etappe ein erhabenes Gefühl. Fast ist es ein »Triumphzug«. Und hatte ich denn in den letzten 35 Tagen ab und zu Lieder angestimmt wie »Das Wandern ist des Müllers Lust«, »Munotsglöckelein«, »Que Sera Sera« oder auch »Heilig, heilig, heilig« (Schubert), war es heute ganz eindeutig »Oh when the saints go march'n in« ...

Übe mich zwischendurch, trotz Hinkebein, auch nochmals in gelöstem, bewusstem Gehen. Ist nicht ganz einfach, diesbezüglich mit siebzig noch umzudisponieren. Jahrzehntelange Gewohnheiten sitzen tief. Wahrscheinlich würde ich einen zweiten Jakobsweg brauchen, um damit wesentlich voranzukommen. Wäre natürlich auch aus andern Gründen höchst interessant und verlockend, diesen einmaligen Weg nochmals zu gehen. (Wenn es dazu käme, würde ich das nächste Mal nicht mehr in Somport beziehungsweise in Canfanc beginnen, sondern in Saint-Jean-Pied-de-Port, um den navarresischen Weg auch noch kennenzulernen, samt der Pyrenäenüberquerung. Ich würde ihn wieder allein gehen, wenn möglich noch ruhiger und meditativer. Ich würde versuchen, ohne Bus und Taxi auszukommen, einen Fotoapparat jedoch nähme ich ein nächstes Mal schon mit.)

Komme um die Mittagszeit, zu Fuß und ohne einen Autofahrer bemüht zu haben, Fisterra näher, dem letzten Dorf auf diesem Sternenweg. Den letzten Kilometer laufe ich nun nicht mehr auf der Hauptstraße, sondern auf dem normalen Wanderweg, der hier hinter Dünen vorbeiführt, was sich noch deutlich von allem bisher Erwanderten unterscheidet. In Fisterra ankommend, sehe ich von Weitem Peter, Renata und Andreas, die sich am Strand zwischen Möwen tummeln. Sie sind schon seit gestern hier und genießen scheinbar noch ein wenig die Strandatmosphäre am Atlantischen Ozean. Gleich kommen auch noch Rady und Agnes dazu und fünf Minuten später Hansjörg, alles inzwischen vertraute Gesichter. Man gratuliert sich gegenseitig, umarmt sich und es werden Fotos geschossen.

Suche anschließend – es ist mittlerweile Mittag – die Herberge und finde sie ganz in der Nähe. An der Herbergstür informiert ein Zettel: »Ab 17 Uhr geöffnet«. Ist also nichts mit frühzeitiger Einquartierung und ersehnter Liegepause für mein gepeinigtes Schienbein. Es sind jedoch zwei geduldige Pilgerinnen da, die wenigstens die vielen, schon vor der Herberge deponierten und die Gasse säumenden Rucksäcke im Auge behalten. Ich stelle meinen auch dazu und begebe mich zu einem nahen Restaurant zwecks Mittagsverpflegung.

Das Essen hier ist Mittelmaß, der Preis hingegen »Spitze« und das bestellte Glas Wein klein und knapp halb voll. Auf meine Anfrage hin betreffend Wein, sagt mir die Bedienung, das sei normal. Peng ... jetzt weißt du's! Bin also noch in ein Abriss-Etablissement geraten. Nun, die können sich's leisten, denn die meisten Leute kommen wahrscheinlich eh nur einmal nach Finisterre.

Nun fehlen zum Kap hinaus noch drei mäßig ansteigende Kilometer. Da der Entzündungsschmerz mittlerweile Windstärke 10 erreicht hat, entschließe ich mich, sie nicht zu laufen, sondern per Taxi zu bewältigen. Dies auch im Hinblick auf mein restliches Programm, das morgen die Reise zurück nach Santiago beinhaltet, wo ich der Sehenswürdigkeiten wegen noch ein wenig fit und beweglich sein sollte – und anderntags dann mit dem Bus zurück in die Schweiz. Ich verspreche mir aber, dafür den Rückweg zu laufen, womit ich, wie ich mir einzureden versuche, damit wenigstens distanzmäßig, doch noch einigermaßen ehrenvoll abgeschnitten hätte.

Von großem Citroën also sanft die Küstenstraße hoch und dann auf den Parkplatz vor dem Leuchtturm gefahren, wende ich mich nun hier in Finisterre noch ein letztes Mal gen Westen und steige, ja krieche teilweise, Beine voran, die etwa hundert Meter auf holprigem, steinigem Weg den steilen Abhang hinunter zum begehbar westlichsten Punkt von Kontinentaleuropa. Hier ist nun der Jakobsweg definitiv zu Ende – zwanzig Meter in der Tiefe schlägt nur noch weiße Gischt an dunkle Klippen!

Nach einem Kaffee im Leuchtturm-Restaurant mache ich mich auf den Rückweg. Langsam, in kleinen vorsichtigen Schritten, laufe ich am Straßenrand Richtung Fisterra. Ein wenig komme ich mir vor wie ein versehrter, jedoch siegreich und glücklich von der Schlacht heimkehrender Krieger.

Hier, auf der etwas öden, steinigen Halbinsel, wachsen übrigens noch überraschend viele Blumen. Habe seit Canfranc etwa 25 Blumen gesehen, denen ich in der Schweiz noch nie begegnet bin, davon allein jetzt hier draußen, am äußersten Zipfel des europäischen Festlandes, drei. Bei fast allen Blumen ist mir übrigens aufgefallen, dass sie nicht beispielsweise drei, vier, sechs, sieben oder mehr Blütenblätter haben, sondern konsequent fünf – immer wieder. Eine ungerade und eine Primzahl dazu. Interessant ... rätselhaft! Warum wohl gerade fünf?

Kurz vor Fisterra fällt mir an der Straße noch eine sehr alte und sehr schöne romanische Kirche auf. Ich begebe mich hin. Es ist die Santa María das Areas. Sie ist geschlossen und nur von außen zu besichtigen, scheint aber dennoch, wenn man gut hinhört, stumme Botschaft aus längst vergangenen Zeiten herüberzuraunen.

Nach zweieinhalb Stunden (für drei Kilometer) bin ich zurück bei der Herberge. Es ging langsam, jeder Schritt ein stechender Schmerz. Nun muss ich, neben erfreulichen Dingen, noch ein wenig leiden. Ich kann es gut akzeptieren, umso mehr, als ja das Angenehme und Schöne insgesamt bei Weitem überwog und überwiegt; tragischer wäre es gewesen, wenn die Entzündung schon früher aufgetreten wäre, was unter Umständen den Abbruch der »Expedition« bedeutet hätte. Somit ist es geradezu ein Glück, dass es sozusagen am letzten Tag passierte. Übrigens, auch die neuen Schuhe haben in vorzüglicher Weise gehalten, was der Verkäufer in Carrión de los Condes versprach!

Bei der Herberge warten jetzt um die fünfzig Leute auf Einlass, unter ihnen auch Nancy und noch einige weitere bekannte Gesichter. Bilde ich es mir ein, oder schaut mich Nancy tatsächlich ein wenig schräg an? Hat sie mir noch nicht verziehen, dass ich ihr gestern »davonlief«? Könnte es ihr nicht einmal verargen ...

Nun, pünktlich um fünf Uhr, kommt ein Hospitalero-Duo, ein netter Spanier und eine aparte Deutsche (mit der ich etwas später in großem Ernst spanisch redete, bis wir auf einmal merkten, dass die Muttersprache von uns beiden eigentlich Deutsch wäre). Die Herberge wird geöffnet und der Spanier setzt sich gleich an den Schreibtisch und beginnt, die anstehende Meute, einen nach dem andern, einzuschreiben und jedem das bunte Zertifikat für die Strecke Santiago-Finisterre auszustellen und zu überreichen.

Ich mache jetzt keine großen Sprünge mehr, denn mittlerweile hat sich die Entzündung zu einem kleinen Martyrium entwickelt. War zwischendurch auch noch in der Apotheke und fragte nach einem entzündungshemmenden Medikament. Die junge Dame verkaufte mir aber, nachdem ich ihr mein Problem eingehend und klar geschildert hatte, kein entzündungshemmendes, sondern ein schmerzstillendes und fiebersenkendes Mittel, wie ich anhand des Packungszettels im Nachhinein feststellte, nachdem es mir vor allem schon eine heftige allergische Reaktion in Form eines misslichen Schnupfens beschert hatte.

Etwas später, nun doch etwas hilflos in der Herberge sitzend, gibt mir eine nette Französin, die an mir vorbeikommt und mein Problem schnell erkennt, den Rat, mit Eis zu behandeln und holt mir freundlicherweise gleich selbst solches in einem nahen Restaurant. Ich binde mir das Eis auf das Bein und setze mich im ersten Stock auf einen Stuhl vor einer Fensterfront mit Panoramasicht auf das darunter liegende Ortszentrum. Es ist interessant zu beobachten, was sich da unten alles durcheinanderbewegt. Es vergeht keine Minute, ohne dass etwas Neues ins Bild kommt. Normalerweise hätte ich nicht die Geduld, etwas Alltäglichem so lange, und dazu noch mit Interesse zuzuschauen. Nun, in dieser Situation, gezwungenermaßen sozusagen, ist es überraschenderweise geradezu unterhaltsam. Unter anderem geht unten auch noch Andreas (aus München) vorbei, sieht mich und streckt mir breit lachend den erhobenen Daumen entgegen.

Die etwa einstündige Eis-Therapie scheint übrigens völlig überraschend ihre Wirkung getan zu haben. Der Schmerz hat deutlich nachgelassen. Nachdem die Apotheke mit ihrer Chemie nicht helfen konnte, wusste glücklicherweise ein guter Geist in Gestalt einer lieben Französin Rat.

Ich begebe mich nun früh in die Federn beziehungsweise in den Schlafsack. Bettnachbarn sind heute unten ein junger, etwas behinderter, angenehmer Spanier und nebenan zufälligerweise wieder, wie in Cee, in corpore, die vier spanischen Krankenschwestern.

Da das Eis so hervorragend gewirkt hat, besteht berechtigte Hoffnung, dass ich mich morgen in Santiago, wohin es per Bus um sieben Uhr zurückgeht, doch noch ein wenig bewegen und umsehen kann.

Montag, 25.06. – 37. Tag
Von **Finisterre** nach **Santiago de Compostela** – 2 Stunden mit Bus

Der junge Spanier auf der unteren Liege weckt mich freundlicherweise wie abgemacht um halb sechs, denn ich habe selbst keinen Wecker bei mir. Ist das erste Mal, dass ich einen gebraucht hätte. Generell ist man ja auf dem Jakobsweg in der glücklichen Lage, keinen Terminen und keinem Zeitdruck unterworfen zu sein, außer man bange eben um einen Herbergeplatz. Ich gehe nach letzter Kontrolle, ob alles im Rucksack ist und nichts liegen blieb, ins schräg auf der andern Straßenseite liegende Restaurant. Bin der erste Gast heute Morgen und muss nicht lange auf meinen lieb gewonnenen »Café con leche« mit etwas Gebäck warten. Nach und nach kommen weitere Frühstückskandidaten, alle mit Trekkingrucksack, somit ebenfalls heimreisende Pilger.

Begebe mich frühzeitig zur Bushaltestelle gleich nebenan, denn ich habe vor, noch ein kleines Ritual zu begehen. Es sind meine alten Schuhbändel, die ich hier in einem abgebrochenen Kandelaberstumpf, der sich gerade anbietet, verbrennen möchte. Ich lege mit einem Zündholz Feuer, und schon brennen die grauvioletten Bändel nicht gerade lichterloh, aber doch recht zuverlässig. Es ist ein Ritual, das symbolisieren soll: »Altes hinter sich lassen – Neubeginn!« Soll eine jahrhundertealte Tradition sein, der ich mich ebenfalls beuge. Normalerweise verbrannten und verbrennen Pilger ihre alten Kleider, die sie auf dem Jakobsweg trugen, draußen in Finisterre, am Abhang zum Meer hinunter. Ich sah dort gestern denn auch das eine und andere verglimmende Feuerchen, war aber selbst nicht in der Stimmung, das »Brandopfer« zu vollziehen und ehrlich gesagt, ich hätte die Bändel auch gar nicht dabeigehabt. Hier und heute, am frühen Morgen, finde ich den Zeitpunkt hingegen goldrichtig.

Dann, die letzten Rauchspirälchen steigen noch aus dem Stumpf, kommt der Bus, der uns (etwa fünfzehn »Rucksacktouristen« und einige spanische Fahrgäste) nach Santiago bringen soll. Unterwegs nichts Spektakuläres, eher etwas eintönige Landschaft. Die Route, die der Bus fährt, ist eben eine ganz andere, als die gelaufene.

In Santiago angekommen, suchen Renata, Peter und ich als Erstes ein Hotel und finden bald etwas Passendes. Anschließend begebe ich mich ins Pilgerbüro neben der Kathedrale, um die Pilgerurkunde zu erbitten. Auch wenn ich kein lupenreiner Pilger bin, gestatte ich mir für diesmal, das Dokument in Empfang zu nehmen. Es ist in Latein abgefasst und so ist denn aus dem einfachen Bruno nach siebzig Jahren unverhofft noch ein etwas protziger »Brunonem« geworden.

Um zwölf Uhr beginnt die Pilgermesse mit Pilgersegnung in der Kathedrale. Sie findet jeden Tag statt, denn jeden Tag beenden hier eine große Zahl von Pilgern ihren Jakobsweg. Die Kathedrale ist also voll besetzt. Leider wird heute der Weihrauchkessel nicht geschwenkt! Dies sei nur gewissen, eher seltenen Daten vorbehalten. Müsste eine atemberaubende Angelegenheit sein, wenn dieses zentnerschwere Gefäß am 21 Meter langen Seil 65 Meter durch das Querschiff saust. Real und sehr eindrücklich und schön war aber am Anfang des Gottesdienstes der etwa viertelstündige Gesang eines Natursoprans. Man hätte glauben können, es sänge ein Engel. Als ich »ihn« aber dann am Ende der Messe aus der Nähe sah, war es eine gewöhnliche, einfache, wenn auch sympathische Ordensfrau von vielleicht vierzig Jahren.

Unterziehe nun die Kathedrale nochmals einer eingehenden Besichtigung. Das Innere der gewaltigen Kirche ist romanisch und soll aus dem 11. bis 13. Jahrhundert sein. Das Äußere ist barock, aus dem 18. Jahrhundert. Noch heute kann man durch den Pórtico de la Gloria (Glorientor), einem großartigen Bauwerk der Romanik aus dem 12. Jahrhundert, eintreten. In der Krypta, unter dem Hauptaltar, befindet sich der silberne Schrein mit den mutmaßlichen Resten des Apostels Jakobus. Praktisch den ganzen Tag bewegt sich eine Menschenkolonne langsam zum winzigen Eingangstürchen, dann das Treppchen hinunter, vorbei am Schrein, die Treppe wieder hoch und durch den ebenso winzigen Ausgang auf der andern Seite hinaus. Desgleichen hinter dem Hauptaltar eine ständige Menschenschlange, die zur Statue des im Zentrum des Altars thronenden Apostels hochsteigt, um sie von hinten zu berühren oder zu umarmen. Tausende von Pilgern und Touristen sind jeden Tag hier, um die Kathedrale und das »Grab« des Apostels zu sehen. Besichtige auch noch das der Kathedrale angegliederte Museum mit wiederum interessanter Kirchenkunst des letzten Jahrtausends.

Heute ist übrigens sehr schönes, mildes Wetter, ideal, um noch ein wenig in der Altstadt zu flanieren und ein wenig an Souvenirhaftem zu erstehen, unter anderem Santiagotorte. Setzte mich zwischendurch, wie viele andere, noch kurz in dieser historischen Umgebung auf einer der großen breiten Treppen in die Sonne.

Später, so durch eine alte Gasse gehend, höre ich jemanden meinen Namen rufen. Als ich mich umdrehe, ist es Karin (Kanada), der ich in Tardajos begegnet war, und die ich tags darauf unterwegs wegen eines Kreislaufkollapses »versamaritern« half. Sie unterhält sich gerade mit einer älteren deutschen Pilgerin, der ich auch einige Male begegnete, aber nie so richtig familiär mit ihr wurde. Karin fragt mich, ob ich ihr den Weg zum Pilgerbüro zeigen könne. Kein Problem ... und ich betätige mich ohne zu zögern als Fremdenführer. Doch aus dieser schon in Tardajos nach einer Romanze riechenden Konstellation wird nichts. Nachdem sie ihre Urkunde erhalten hat, trennen wir uns bald wieder, denn schließlich bin ich ja »schon« verheiratet und dazu noch Santiagopilger!

Gegen Abend, auf dem Weg zum Hotel, treffe ich noch einen bekannten Pilger von einer früheren Etappe. Während wir uns kurz unterhalten, legt auf einmal jemand den Arm um meine Schultern. Es ist Martin, den ich am ersten Tag in Jaca kennenlernte, der mir gleich sympathisch war und dem ich seither auf dem Weg etwa vier Mal begegnete. Der einundsiebzigjährige Martin, der von Frankreich bis hierher 1500 Kilometer in 7-Euro-Turnschuhen und mit einem 1-Euro Regenschirm gelaufen ist. Der kleine Martin, den ich unterwegs einmal etwa hundert Meter vor mir sah, wie er mit seinem großen Rucksack auf dem Rücken und seinem Proviant-Plastiksack in der linken Hand etwas vornübergebeugt hinter zwei andern Pilgern herlief und auf rührende Weise versuchte, mit ihnen Schritt zu halten. (Sorry, Martin, es sah so aus!) Der Martin schließlich auch, der sich bei Frauen und Mädchen gerne etwas jünger (aber schon über dreißig) darzustellen versucht ... Ich hoffte in den letzten Tagen, vor allem diesen einfachen, liebenswürdigen Mann in Santiago nochmals zu sehen. Und nun, im allerletzten Moment vor meiner Abreise, fast wie ein kleines Wunder, steht er neben mir. Wir unterhielten uns noch eine gute halbe Stunde in einer naheliegenden Bar. Beim Abschied sagte ich ihm ohne Umschweife, er sei der liebenswürdigste Pilger, den ich auf dem Jakobsweg getroffen habe, worauf er erwiderte, das sei das schönste Kompliment, das er auf dem Jakobsweg erhalten habe.

Ich hätte sehr gerne auch einige andere nochmals gesehen, insbesondere den deutschen Arzt, sowie Erni, die holländische Anthroposophin, den unvergesslichen Trevor, Anina aus Tirol und vor allem natürlich die »Fata Morgana« von der Herbergswiese in Burgos. Dazu kam es aber leider nicht mehr ...

Dienstag, 26.06. – 38. Tag
Rückreise von Santiago de Compostela nach Schaffhausen

Zu Fuß vom Hotel zum Busbahnhof. Es ist der letzte Kilometer, den ich hier in Spanien laufen kann. Genieße es! Frühstücke zusammen mit Renata im Busbahnhof-Restaurant. Es sind noch einige bekannte Gesichter da, die ebenfalls irgendwohin abreisen. Der komfortable Autobus fährt um 8:40 Uhr ab und die Reise, einige verpflegungs- und fahrplanmäßige Aufenthalte inbegriffen, wird etwa 32 Stunden dauern – prost!

Es geht nun Richtung Oviedo und weiter der Nordküste entlang (ungefähr auf der Jakobsweg-Nordroute) nach Irun. Schon nach zwei Stunden Fahrt musste ich im Bus nach vorne gehen und Renata sagen, dass ich den Jakobsweg schon deutlich vermisse ... An der Nordküste dann stundenlang durch schöne Landschaft mit meist weit und weich zum Meer abfallenden sattgrünen Hängen. Gegen Irun auch eindrückliche, bis etwa 2000 Meter hohe, grüne, samtartig anmutende Berge. Um 22 Uhr Abendessen in Irun. Über Nacht weiter durch Südfrankreich. Versuche zu schlafen. Es ist jedoch auf dem Sitz auf die Dauer nicht sehr bequem und die Nacht ist alles andere als erquickend. Bin bei Tagesanbruch ordentlich gerädert.

Am Morgen sind wir etwa in Toulouse. Landschaft und Dörfer erscheinen hier in der Morgensonne weicher, malerischer als in Nordspanien. Auch der Baustil der Dörfer und Häuser ist für meinen Geschmack harmonischer, gefälliger.

Einige Stunden später geht es durch die Gebirgslandschaft Savoyens. Je näher wir der Schweiz kommen, desto stärker regnet es. Ist das nun zufällig oder eben doch symptomatisch ...? (Es regnete allerdings auch in Spanien ein paar Mal!) Um 11 Uhr dann Ankunft in Genf. Hier fällt vor allem der sehr schleppende Verkehr in der Innenstadt auf. Wir brauchen eine ganze Stunde vom Stadtrand bis ins Zentrum.

Ab Genf ist nun die Landschaft schlagartig bestechend schön und harmonisch, wie aus dem Bilderbuch (es scheint wieder einmal, als ob die Schweiz halt doch das gelobte/ste und schönste Land wäre). Nach Halt in Lausanne und Bern kommen wir um 5 Uhr nachmittags in Zürich an. Es geht nun noch mit dem Zug am Rheinfall vorbei nach Schaffhausen, wo mich mein liebenswürdiger Schwiegersohn Peter wieder einmal am Bahnhof erwartet.

06.07.2007 – Rückflug in die Dominikanische Republik

Start der »Edelweiß« morgens um neun in Kloten. Wir überfliegen die Westschweiz, Südfrankreich, die Pyrenäen und dann etwa zwanzig Minuten lang den Jakobsweg, den »Camino Francés«. Der Weg selbst ist natürlich aus dieser Höhe nicht auszumachen, ebenso wenig die Pilger. Ganz sicher sind sie aber auch heute wieder unterwegs. Was man aber sieht, sind die ausgedehnten Kornfelder, vor allem die der »Tierra de Campos«. Vor Kurzem waren sie noch grün, nun sind sie fast alle gelb. Ganz deutlich konnte ich auch den Stausee und den Wald bei Ruesta erkennen. Die Vorstellung, da unten Tag für Tag durchgelaufen zu sein, mutet irgendwie faszinierend an und lässt schon wieder Nostalgie aufkommen ... Wir überfliegen noch Portugal, verlassen Europa und kriechen, wie immer, in schwindelnder Höhe unendlich lange über den Atlantik. Dennoch, nach nur insgesamt acht Stunden landet der Airbus sanft und sicher in Puerto Plata.

Kontakt zum Autor

E-Mail: brunoschneider39@hotmail.com

Ebenfalls bei TRIGA – Der Verlag erschienen

Anna Malou
Wenn nicht jetzt, wann dann?
Eine Reise auf dem Jakobsweg
Mit vielen Schwarzweiß-Fotos
4. Auflage

Wenn nicht jetzt, wann dann? Diese Frage stellte sich die Autorin, nachdem sie viele Jahre ihres Lebens ausschließlich Beruf und Familie gewidmet hatte und gesundheitliche Probleme eine Neuorientierung verlangten. So entschloss sie sich, eine Pilgerreise entlang des Jakobsweges zu unternehmen.

Allen Widerständen zum Trotz startet sie im Juni 2007 in Pamplona. Die Strecke bis nach Santiago de Compostela bewältigt sie teils zu Fuß, teils mit dem Bus. Bei Wind und Wetter unterwegs, beschreibt die Pilgernde sehr detailliert ihre persönlichen Erlebnisse, etwa wie das Erfahren der eigenen körperlichen und seelischen Grenzen, aber auch die Landschaft und die kulturellen Sehenswürdigkeiten. Erstaunt stellt sie fest, dass der »Camino de Santiago« etwas in ihr verändert, sie innerlich wachsen lässt und offen macht für neue Lebensziele.

Anna Malou möchte mit diesem Buch uns allen die Faszination des Pilgerns näherbringen, das sie als ein tiefgründiges, elementares Erlebnis empfindet und das auch nach Beendigung der Reise noch lange nachhallt.

160 Seiten. Paperback. 14,80 Euro. ISBN 978-3-89774-779-1
eBook. 9,99 Euro. ISBN 978-3-89774-860-6

TRIGA – Der Verlag
Leipziger Straße 2 · 63571 Gelnhausen-Roth · Tel.: 06051/53000 · Fax: 06051/53037
E-Mail: triga@triga-der-verlag.de · www.triga-der-verlag.de